丛书编委会

总　策　划：来新国　王文成

编委会主任：郭齐勇　周晓亮

编　　　委：来新国　陈知涯　张　彧　尹格韬　沈　众

王文成　孟淑贤　周长志　罗养毅　秦　丹

乌　琛

大家精要

斯宾诺莎

周晓亮 著

Spinoza

陕西师范大学出版总社

图书代号 SK16N1160

图书在版编目（CIP）数据

斯宾诺莎/周晓亮著. —西安：陕西师范大学
出版总社有限公司，2017.1（2024.1重印）
（大家精要）
ISBN 978-7-5613-8670-5

Ⅰ.①斯… Ⅱ.①周… Ⅲ.①斯宾诺莎（Spinoza,
Benoit de 1632—1677）—传记 Ⅳ.①B563.1

中国版本图书馆CIP数据核字（2016）第235466号

斯宾诺莎　　SIBINNUOSHA

周晓亮　著

责任编辑　曹联养
责任校对　陈柳冬雪
封面设计　张潇伊
出版发行　陕西师范大学出版总社
　　　　　（西安市长安南路199号 邮编 710062）
网　　址　http://www.snupg.com
印　　制　永清县晔盛亚胶印有限公司
开　　本　650 mm×930 mm　1/16
印　　张　10
字　　数　100千
版　　次　2017年1月第1版
印　　次　2024年1月第2次印刷
书　　号　ISBN 978-7-5613-8670-5
定　　价　45.00元

目　录

引　言

　　贝内迪克特·德·斯宾诺莎（Benedict de Spinoza 1632~1677）是 17 世纪荷兰伟大的哲学家、无神论者，欧洲大陆理性主义认识论的主要代表，他从哲学思辨的高度反思和推进人类思想文化的发展。斯宾诺莎是一位理性主义者，他继承了笛卡儿的基本原则，并作了创造性的发挥，成为理性主义认识论最重要的代表人物之一。

　　虽然斯宾诺莎在世时曾盛名一时，但在他死后的一百多年间，却几乎被人们遗忘了。直到 1781 年德国的伟大文学家莱辛（Lessing）去世，一个偶然的事件使斯宾诺莎重新走进人们的视线。

　　莱辛去世后，他的朋友、启蒙思想家门德尔松（Moses Mendelssohn）打算为他写传记，另一位哲学家雅可比（Friedrich Heinrich Jacobi）闻讯提醒说，他与莱辛生前有过长谈，知道莱辛将斯宾诺莎看作思想导师，是一个真诚的斯宾诺莎主义者。在两人随后的通信中，还揭示了另一个令人惊讶的事实：德国最伟大的诗人歌德（Goethe）也是斯宾诺莎的崇拜者！

　　伟人的推崇使斯宾诺莎很快成为知识文化界关注的对象，

当人们迫不及待地打开他那些尘封已久的著作时，仿佛看到了一个博大精深的思想宝库：那里既有敏锐的洞察和睿智的思考，也有缜密的推理和天才的论断，而且从那些字里行间中还时时能感受到作者的宽广胸怀和沉稳、冷静，而又不乏温情的人格魅力。也许正因为这种沁人心脾的人格魅力，最先为之倾倒的是那些敏感而浪漫的诗人和文学家：海涅（Heine）、拜伦（Byron）、雪莱（Shelley）……但对于他的那些深刻哲理，能够理解它，并与之同声相应、同气相求的只有那些站在人类思辨进程前列的哲学家。因此毫不奇怪，对斯宾诺莎的最高评价，恰恰来自作为那个时代哲学顶峰的德国古典哲学：费希特（Fichte）、谢林（Schelling）、黑格尔（Hegel）都从不同方面继承和发展了斯宾诺莎的思想。

后来，著名的哲学史家、新康德主义者文德尔班（Windelband）将斯宾诺莎与康德并列，称之为支撑德国古典哲学发展的"两根支柱"。而作为德国古典哲学的完成者，黑格尔对斯宾诺莎的评价则更斩钉截铁："斯宾诺莎是近代哲学的重点：要么是斯宾诺莎主义，要么不是哲学"；"要开始研究哲学，就必须首先做一个斯宾诺莎主义者"。

那么，盛名之下的斯宾诺莎是一个什么样的人？他有哪些与众不同的经历？他如何在思辨的瀚海中遨游？他提出了何种哲学观点？他的主要理论贡献是什么？想继续深入了解斯宾诺莎的读者都会提出这样的问题，本书将对这些问题给出基本的回答。

第 1 章

生平与著述

一、家族寻踪

斯宾诺莎出生在一个犹太人家庭，祖上来自欧洲西南部伊比利亚半岛的西班牙和葡萄牙。除此以外，我们对这个家族的来龙去脉几乎一无所知，这使我们不得不从伊比利亚犹太民族的一般经历中，大致了解这个家族的坎坷命运。

犹太人的远祖是生活在阿拉伯半岛的游牧民族，其命运多舛：虽然在早期它也曾有过建国、强盛的辉煌历史，但是并不长久。在后来的漫长岁月里，这个民族大部分时间都处于被压迫、被驱逐或被屠杀的悲惨境地。尤其是公元 1~2 世纪，犹太人先后发动了两次反抗罗马帝国统治的大起义，都遭到残酷镇压，被迫流散到阿拉伯人地区、北非和欧洲各地。虽然这一变化结束了犹太人原先相对集中的政治、经济、宗教生活方式，但他们仍然在变动不居的流亡生活中顽强坚持自己的文化传统，其中以犹太人社区为基础的政治体制和以拉比为领袖的宗教组织起到了重要作用。

犹太流亡者中的较大一支辗转定居于伊比利亚半岛。伊比利亚半岛位于欧洲西南部，远离欧洲的中心地带，与北非隔直布罗陀海峡相望。考古资料显示，早在约八十万年前，那里就有原始人类活动，后来陆续出现了石器时代和青铜时代的文明。根据文字记载，古代的腓尼基人、希腊人、迦太基人都对早期的伊比利亚文明发生过影响。伊比利亚半岛的主要居民是西班牙人，由于葡萄牙直至12世纪中叶才脱离西班牙成为独立的国家，所以此前的西班牙历史大致代表了整个伊比利亚的历史。公元前3世纪末，罗马人入侵西班牙；公元前197年，将西班牙建为罗马行省。此后，西班牙人经历了罗马人、哥特人的统治，并深受罗马文化的影响，逐渐接受了罗马天主教。公元711年，来自阿拉伯半岛和北非的阿拉伯人（柏柏人或摩尔人）跨过直布罗陀海峡侵入伊比利亚半岛，征服了西班牙。不愿信奉伊斯兰教的西班牙人对新统治者进行了长达数百年的反抗斗争，史称"再征服运动"。

在穆斯林与天主教徒争夺西班牙的斗争中，犹太人无力争锋，不得不在夹缝中生活，他们的命运完全取决于前两者对他们的态度。在穆斯林统治的大部分时间里，尽管犹太人无法取得与穆斯林同等的社会政治地位，但由于穆斯林实行比较宽容的政策，所以能与穆斯林和睦相处，在经济、文化等方面获得了很大的发展，形成了11~12世纪西班牙犹太人的"黄金时代"。不过，一旦穆斯林的态度发生变化，迫害或屠杀就会落到犹太人头上。西班牙的天主教统治者对犹太人则十分严苛，迫害和屠杀也更为常见。他们有时也会厚待犹太人，但不是出于尊重，而是为了在与穆斯林的斗争中得到犹太人的支持，他们看中的是犹太人手中的财富和商业利益。当西班牙的天主教徒已经取得对穆斯林的压倒优势，他们对犹太人的态度也就明显恶化了。1391 年，首先从卡斯提耳王国开始，掀起了疯狂迫害犹太人的浪潮，并很快蔓延到西班牙其他王国，大批的犹太教堂被焚毁或改为天主教堂，犹太人被强迫皈依基督教，否则就会被杀死或贩卖为奴。15 世纪初，强迫犹太人皈依基督教的活动变得更加激烈。被迫皈依的犹太人虽然暂时得到生命保障，但他们完全失去了信仰自由。不论愿意与否，他们必须接受基督教的信条，服从基督教的仪式和戒律。即使如此，他们也得不到天主教会的信任，无时不受到教会的监视，任何对基督教的不敬或反抗都会受到残酷的镇压。犹太人认为他们中皈依基督教的人是被迫的，因此称之为"被强迫者"；天主教徒则认为这些皈依者阳奉阴违，暗地里仍坚持犹太教信仰，因此轻蔑地称他们为"猪"。

　　1469 年，西班牙两个最大的王国阿拉贡的王储费迪南德和卡斯提耳的公主伊莎贝拉结婚。在两人先后继承王位后，两国于 1479 年合并，实现了西班牙的统一。统一后的西班牙军队于 1492 年 1 月攻陷了阿拉伯人在西班牙的最后一个据点格拉纳达，取得了"再征服运动"的完全胜利。同一年，伊莎贝拉女王支持下的哥伦布船队发现了美洲新大陆，为西班牙后来的强盛创造了机遇。

　　然而，对于西班牙的犹太人来说，这一年却是更大苦难的开始。在刚刚灭亡了格拉纳达两个月之后，西班牙统治者迫不及待地将清除犹太异教徒一事提上日程。1492 年 3 月 31 日，费迪南德和伊莎贝拉签署法令，限期在 7 月底前，将生活在西班牙的所有犹太人，不论男女老幼全部逐出西班牙，声称这是为了防止犹太人与基督徒接触，破坏他们对天主教的信仰。几个月内，成群的犹太人被迫出走，一部分去了北非、意大利、土耳其等地，大部分流亡到对异教徒比较宽容的葡萄牙。不过，好景不长。1496 年底，葡萄牙颁布法令禁止犹太人和穆斯林进入葡萄牙，强迫栖居葡萄牙的犹太人皈依基督教，成为所谓的"新基督徒"。当时葡萄牙还没有建立宗教法庭，对"新基督徒"的管制也比较宽松，使他们仍能私下信仰犹太教，保留了较多的犹太教传统。然而好景不长，1547 年，根据罗马教皇的谕令，葡萄牙成立了专门惩治异教徒的宗教裁判所，对已经改宗的犹太人也不放过。在葡萄牙政府的疯狂迫害下，犹太人的境况急剧恶化了，他们无路可走，不得不逃离伊比利亚半岛，向欧洲内陆寻找栖身之地。

除了北欧的一些国家以外，当时最适合流亡犹太人居住的地方就是属于低地国家的荷兰。16 世纪的荷兰处在西班牙的统治之下，由于早期资本主义的发展，荷兰的手工业、航运业、捕鱼业、商业、金融业都十分发达，成为西欧首屈一指的经济强国。荷兰人善于经商，有金融头脑，他们对商业利益的追求远远大于对政治权力的渴望。他们创立了由商人和知识精英而不是由贵族管理的城市自治制度，其目的是给商业贸易以最大的自由。这样的生活环境对于饱受压迫、流离失所的犹太人无异于人间天堂，而且西班牙统治者也不在意犹太人移民于此。于是，大批来自葡萄牙的犹太流亡者在荷兰定居下来。他们的主要谋生方式是经商，这对于天生具有经商才能的犹太人是得心应手的事，他们很快就变得富有起来。为了保护自己的安全利益和文化传统，犹太人建立了大小不等的社区，实行犹太教的宗教管理。起初，犹太人大多聚集在商业发达的安特卫普，后来由于发生了以荷兰为首的乌特勒支联盟反抗西班牙的战争，安特卫普位于交战区，商业受到重创，于是犹太人转移到北面的阿姆斯特丹。阿姆斯特丹是继安特卫普之后迅速发展起来的商业中心，在乌特勒支联盟的控制下。擅长经商的犹太人受到阿姆斯特丹人的欢迎，因为他们为当地带来了滚滚财源。而犹太人乐于在阿姆斯特丹立家兴业，一个重要原因是乌特勒支联盟采取了宗教宽容政策，规定"每一个人都应有宗教自由，任何人都不应在神圣崇拜的问题上受到干扰和质疑"。这就使犹太人摆脱了多年遭受宗教压迫的梦魇，能够充分享受自己的宗教生活，以至有人将阿姆斯特丹称作"荷兰的耶路撒冷"。当然，当局的宗教宽容政策并不是无限的，譬如，按规定，犹太教徒不得公开进行祈祷，不许与基督徒通婚，基督徒不得皈依犹太教。犹太人寄人篱下，时刻担心自己会成为宗教争端的牺牲品，因此也要求自己的教徒严守教规，小心行事，不得干预其他教会事务，不得冒犯行政当局，以免引来杀身之祸。

以上所说大致勾勒了斯宾诺莎家族的背景和生活环境。根据有限资料可查，斯宾诺莎的祖上就是从西班牙和葡萄牙流亡到西欧的犹太人。斯宾诺莎的祖父是伊萨克·斯宾诺莎，16世纪末与其兄长亚伯拉罕·斯宾诺莎一起经法国的南特来到荷兰，后来相继落户阿姆斯特丹。伊萨克远不如他的兄长有成就，后者不但成为当地有名的富商，而且还担任犹太社区的上层管理者，这使斯宾诺莎家族在社区享有很高的地位。大约在1588年，伊萨克生一子迈克尔。迈克尔的第一个妻子是其伯父亚伯拉罕的女儿拉谢尔。也许由于近亲结婚的关系，拉谢尔的两个儿子出生后就死了，她本人也于1627年病逝。翌年，迈克尔续弦，与商人巴鲁赫·塞尼奥尔之女汉娜·德博拉·塞尼奥尔结婚。迈克尔的家境并不宽裕，甚至可谓贫穷，后来他协助其伯父兼岳父亚伯拉罕经商，逐渐发达起来。1637年，亚伯拉罕死后，迈克尔分得了一笔不菲的遗产。这时，迈克尔已经是一个有名望的成功商人，并同其伯父一样，在犹太社区担任管理职务，而且还承担一些教育基金会的工作。

1632 年 11 月 24 日，本书主人公斯宾诺莎就出生在这个家庭里。他上有姐姐米丽娅姆，兄长伊萨克，下有妹妹丽贝卡和弟弟亚伯拉罕。斯宾诺莎出生时取葡萄牙文名字本托（Bento），意为"得到神佑的"；他的希伯来文名字是巴鲁赫（Baruch），与本托是同样意思。后来，他又改用拉丁文名字贝内迪克特（Benedictus），其意思与前两个相同。我们一般称他的全名为贝内迪克特·德·斯宾诺莎。

二、成长与教育

斯宾诺莎家原住在阿姆斯特丹的符洛茵堡，斯宾诺莎出生时已迁入霍特格拉荷特运河边上的一幢大房子中。这条运河以运输木材为主，十分繁忙，19 世纪末因市政建设被填平，形成一个广场，即现在的滑铁卢普兰。

斯宾诺莎幼年时由母亲照料，生活幸福。6 岁时，母亲因肺病去世。为了照顾几个年幼的子女和家庭，1641 年迈克尔娶了第三任妻子埃丝特。斯宾诺莎从未评价过他的继母。因此，埃丝特是不是一个称职的继母，斯宾诺莎生活得是否幸福，就不得而知了。好在斯宾诺莎很快到了上学的年龄，学习成为他的主要生活内容。

犹太人历来重视教育，在阿姆斯特丹的犹太人社区也不例外。社区学校以培养有教养的犹太人才为目的，在初级教育阶段实行免费，因此犹太人不论贫富，都有享受基础教育的机会。斯宾诺莎就学的犹太学校是同类学校中的佼佼者，以教育水平优异而闻名。学校的课程分为六级，前四级属于基础课程，包括希伯来语、宗教、文学方面的基本知识，教学对象是

7 岁至 14 学的学生。经过四级教育，学生将熟练掌握希伯来文，能够阅读和写作。宗教训练是教学的基本内容，学生们要学会阅读和理解犹太教的经文，能够将经文从希伯来文译成西班牙文。西班牙文是教学和学术活动中使用的规定语言，学生们都必须掌握。犹太人的移民状况决定了他们必须掌握多种语言，针对不同的情况使用不同的语言。除了在教学中使用西班牙语外，他们在宗教活动中使用希伯来语，与荷兰人交往中使用荷兰语，日常生活中常用的是葡萄牙语。正因为如此，尽管斯宾诺莎会多种语言，他后来仍表示说，他在写作时更喜欢用他成长过程中使用的葡萄牙语，因为那样更得心应手。

学校离斯宾诺莎的家不远，步行可达。学校每天早上 8 点上课，11 点下课，回家用餐，下午 2 点上课，5 点放学。斯宾诺莎天资聪慧、思维敏捷，学习成绩优异，这为他后来的学术生涯打下了基础。除了学校教育之外，学生家长（主要是父亲）也往往担任起课外老师的角色，一方面帮助孩子复习学校的课程，另一方面注意培养他们的品性，给他们以有益的指导。在家庭教育中，宗教活动是重要内容，一般孩子不到 16 岁时，就要跟着父母参加晚祈祷和唱赞美诗。结束了四级课程，也就完成了初等教育。五、六级课程不是每个学生必修的，因为它是专为培养犹太教律法博士或犹太教拉比设置的。"拉比"是希伯来文，意为"教师"，指犹太教律法学家或犹太教教规、仪式的职掌者。这一阶段课程的主要内容是学习和理解犹太教经典《塔木德》，因此学生需要接受更严格的希伯来语训练。在六级时，社区的主要拉比将亲自授课，其目的是将学生也培养成拉比。

一般认为，斯宾诺莎完成了四级的学业，顺利升入五、六级的学习，因为他后来能够独立编写希伯来语法，若没有经过严格的训练是不可想象的。不过，根据20世纪30年代发现的文件可知，斯宾诺莎没有继续五、六级的学习，而是进了父亲的商行，帮助父亲经商。这一方面是因为斯宾诺莎的兄长伊萨克于1649年去世，父亲缺少帮手，另一方面也是因为斯宾诺莎的父亲并不希望他的儿子成为拉比，而是希望他成为商人。1651年斯宾诺莎的姐姐米丽娅姆去世，两年后斯宾诺莎的继母和父亲也相继去世。父亲死后留下了很多债务，这使斯宾诺莎的生活陷入困境，不得不继续经商来维持生活和偿还债务。

斯宾诺莎喜欢学习而不是经商，父亲的去世使他有了学习的自主权。他利用经商的空余时间去犹太教法学院继续深造，学习犹太教经典，钻研犹太哲学家的理论。他不但很快掌握了相关的基本知识，而且善于独立思考，敢于对权威观点提出质疑。他提出的问题往往十分深刻，有时连老师也只能勉强应付，但为了不使老师难堪，他表面上对老师的回答表示满意，暗地里却下定决心，"从此以后，要尽一切努力自己独立地发现真理"。显然，对于刻苦好学而又思想成熟的斯宾诺莎来说，犹太社区已经过于狭窄了，无法满足他的求知欲望。于是，他试图冲破他所生活的小圈子，到外面的世界中寻找真理。实际上，犹太人并不缺乏闯荡世界的历练，他们是欧洲最精明的商人，其足迹遍布欧洲各地，但像斯宾诺莎这样为了追求真理而走向世界者，却并不多见。而且，这里的"走向世界"主要不是空间意义上的，而是思想界限意义上的：斯宾诺莎的游历并不广泛，他甚至没有踏出过荷兰的疆界，但他的心灵却在人类思想的浩瀚广宇中遨游。

由于经商的需要，斯宾诺莎结识了许多荷兰商人，他们大多是基督教中具有革新意识的孟诺派和阿明尼乌派教徒，对正统加尔文派抱以批判的态度。这些教徒经常聚会（因此也称他们的团体为"社友会"），讨论有关宗教崇拜、经文解释和哲学、政治、科学等各方面的现实问题。在与他们的交往中，斯宾诺莎不但听到了各种自由主义的宗教观点，而且了解到当时哲学和自然科学的最新发展，这极大地开阔了他的眼界，此前曾使他感到约束的犹太教枷锁，似乎也随之烟消云散了。除了经商和作为犹太人必须履行的职责之外，他与犹太社区的联系日渐疏远了。

为了了解新的思想和学说，斯宾诺莎必须掌握拉丁文，因为那时的学术著作大都是用拉丁文写的。为了学习拉丁文，斯宾诺莎先是向一位懂拉丁文的德国学生（也有人说是向一位修女）求教，后来师从一位名叫弗朗西斯库斯·范登·恩登的学者。范登·恩登是织工之子，曾就学于安特卫普的耶稣会学院，当过见习修士，从事过哲学和古代文化研究。后来他到阿姆斯特丹作艺术品生意，但并不景气。为养家糊口，遂于1652年开办了一所拉丁文学校，讲授拉丁文和人文主义知识。大约在1657年，斯宾诺莎进入范登·恩登的学校学习，不但学习拉丁文，还学习艺术、哲学、科学等人文主义课程，大量阅读古代学者的著作，这极大地丰富了他的古代文化知识。为了使学生熟练掌握拉丁文，范登·恩登经常组织学生排练以古代剧本为基础的拉丁文剧，在阿姆斯特丹市剧院演出。据说斯宾诺莎也曾参加过这样的演出。范登·恩登还要求学生读布鲁诺、伽利略、培根和笛卡儿等人关于自然科学的著作，了解当时"新科学"的最新进展。在宗教和政治方面，范登·恩登是自由思想的倡导者，主张政治民主、宗教宽容。他后来写了《自由政治建言》（*Free Political Proposals*，1665）一书，阐述其政治思想。鉴于斯宾诺莎后来的某些思想与范登·恩登相近，于是有人说斯宾诺莎受到范登·恩登的很大影响，但也有人认为对这种影响不应估计过高，因为斯宾诺莎师从范登·恩登学习时已经 25 岁，基本思想已经形成，而且其理论创新能力也绝非范登·恩登所能比。

在学习期间，发生了据说斯宾诺莎一生中唯一一件浪漫事：他爱上了范登·恩登的女儿克拉拉·玛莉亚。玛莉亚天资聪慧，博学多才，拉丁语极好，经常代其父给学生授课。斯宾诺莎为玛莉亚的才华所吸引，不顾玛莉亚身体孱弱，且有畸形，仍然爱上她，表示要娶她为妻。与此同时，范登·恩登的另一位学生克尔克林克也爱上了玛莉亚，并想尽办法博得了女孩的欢心，最终如愿以偿，而斯宾诺莎则成为情场的失败者。不过也有人怀疑这件事的真实性，因为当时玛莉亚只有 13 岁，克尔克林克 18 岁，斯宾诺莎 25 岁，在年龄上显然女孩与克尔克林克更合适，与斯宾诺莎则相差太大。不论是否与这一经历有关，后来斯宾诺莎终身未娶。

说到这一时期对斯宾诺莎的思想最有影响的人，非法国哲学家笛卡儿莫属。笛卡儿是西方近代第一位重要的理性主义哲学家，也是杰出的科学家，他将数学、物理学的自然科学观念引入认识论，提出了以严格科学为理想的哲学观。为了避免专制制度的压制和天主教会的迫害，自由地从事哲学和科学研究，他离开祖国，长期居住在思想氛围比较宽松的荷兰。笛卡儿比斯宾诺莎年长三十六岁，斯宾诺莎出生时，笛卡儿已经是闻名遐迩的哲学大师，他的学说充满了理性的光辉和科学的精神，是当时欧洲启蒙思想的一面旗帜。在荷兰，笛卡儿的名字更是无人不晓，尤其是 17 世纪 40 年代，他与荷兰知识界保守派的几次冲突，更使他成为舆论漩涡的中心，以致是否赞成"笛卡儿主义"竟成为区分不同宗教和政治意识形态的分水岭，有几所大学甚至明文禁止讲授笛卡儿的学说。1656 年，荷兰议会颁布法令，不许谈论笛卡儿的哲学。然而，任何禁令都无法阻止先进思想的传播，笛卡儿的学说在青年斯宾诺莎的心中打下了深刻烙印，他后来正是沿着同样方向发展出独具特色的理性主义哲学。

斯宾诺莎对笛卡儿思想的了解既来自他的老师范登·恩登，也来自他在商界的笛卡儿主义朋友，更来自他本人对笛卡儿著作的钻研。50年代中期，当保守势力反对笛卡儿主义甚嚣尘上的时候，斯宾诺莎却已经因熟悉和拥护笛卡儿的学说而小有名气。斯宾诺莎的思想倾向引起了犹太教上层的忧虑和不满，他们无法容忍一个犹太青年接受离经叛道的异端邪说。而斯宾诺莎也不肯轻易放弃自己思想观点，于是，斯宾诺莎与犹太教上层的冲突就不可避免。

三、革除教籍

犹太教对于违反教义和教规的行为有各种惩罚措施，轻重程度也不相同。譬如，可以对当事人进行隔离、诅咒和侮辱等；当这些惩罚不能使当事人改邪归正，就可能将其"革除教籍"。这是极为严厉的惩罚，其后果也十分严重。按照犹太教律法，被革除教籍的人不允许参加犹太人的日常公务和商务活动，不能担任任何公职，永远失去在犹太社区的正常权利和地位。当事人的亲属有时也会受牵连，譬如，其子不能行割礼，子女不得结婚，家人死后不得享受犹太葬礼等。1656年7月27日，这一惩罚落到了斯宾诺莎的头上。

那一天，在犹太社区教堂的藏经龛前，一位拉比用希伯来语向社区教民宣读了一个通告，通告说："社区元老会早就知道巴鲁赫·德·斯宾诺莎的邪恶观点和行为，为使他迷途知返，已经用尽各种办法，作出了各种允诺。但这些都没能使他改邪归正，反倒越来越多地得知，他实行和传授异端邪说，犯下了种种恶行。对此有许多可靠的证人，他们当着斯宾诺莎的面作出了证明和举证。因此，元老会开始相信这件事情的真实性。最后，在尊敬的社区智者在场的情况下，对这件事作了调查。他们决定，并得到社区智者的同意，将斯宾诺莎革除教籍，从以色列人中驱逐出去……每日每夜，不论他躺下还是起身，不论他出去还是进来，都会受到诅咒。主不会饶恕他，而是对他充满了愤怒和谴责。经书中记载的一切诅咒都会落到他的身上，主必定将他的名字从天堂里勾销。根据经书中记载的一切来自'圣约'的诅咒，主必因其罪恶而将他从以色列的一切部族中清除出去。"这份通告最后还警告说："任何人不得与他交往：不许与他通信，不许给他任何帮助，不许与他同居一室，不许走近于他四肘距离之内，不许读他写的一切著作。"

斯宾诺莎究竟犯下何种罪行要承受如此严厉的惩罚？通告中只提到他传播异端邪说，没有列出他的具体观点。当时斯宾诺莎只是一个 23 岁的青年，尚未有任何著作发表，所以，他一定是说了什么亵渎的话，使教会上层无法容忍。那么，他到底说了什么呢？由于资料的缺乏，至今不能确知斯宾诺莎说的话，但可以从若干相关的传闻中，得到一些间接的信息。

根据这些传闻可知，斯宾诺莎对犹太教的传统教义和经文提出了质疑。他认为《圣经》中的"摩西律法"不是摩西本人写的，而是后人编撰的，因此不具有正统教义所说的真理性。他否认上帝的真实存在，认为上帝只在哲学上有意义，在实际上无意义。他否认灵魂不朽，认为灵魂随身体的死亡而消失。

斯宾诺莎的这些观点已经严重违背了犹太教的教义，甚至就是一种无神论，因此，它引起犹太教会的愤怒也就不奇怪了。

有一则未经证实的逸闻也可以从一个侧面说明斯宾诺莎的观点。据说有两个年轻人自称是斯宾诺莎的朋友，向他请教与《圣经》有关的问题，并表示他们只是出于好奇，不会将斯宾诺莎的话说出去。他们问："上帝有身体吗?""灵魂是不死的吗?"斯宾诺莎轻信了他们的话，毫无戒心地回答道："我承认，因为在《圣经》中找不到关于非物质或无形体的东西的说法，所以，相信上帝是一个物体，这没有什么不可以。而且这更是因为，如先知所说，上帝是高大的，但如果没有广延，因而没有物体，我们就不可能理解什么是高大。至于精灵，《圣经》肯定没有说它们是实在的、永恒的实体，它们只是一些幻像，它们被称为天使，是因为上帝利用它们去宣布他的意志。它们是这样一种东西，只因为构成它们的物质是非常精细而透明的，才使天使和其他一切精灵都不是我们所能看见的，即使我们看到它们，也只是一些幻像，就像我们在镜子中、在梦中，或在夜里看到的形象那样。"至于灵魂，斯宾诺莎说："每当《圣经》谈到它，'灵魂'一词都只用来表示生命，或任何活的东西。若在《圣经》中寻找任何段落以证明灵魂不死，都是徒劳的。而在成百的地方，你都可以看到相反的观点，没有什么比证明这点更容易的了。"两位年轻人见斯宾诺莎说这些话是认真的，不是开玩笑，于是就将他的话告诉了别人，后来还作为证人对斯宾诺莎进行指控。

被革除教籍后，斯宾诺莎用西班牙文写了一篇《辩护词》，其目的是要证明基督教的《圣经》是经历代人修撰成书的，并没有教会所赋予它的原始的神圣性和权威性，以此为自己的观点辩护。但该书的原文从未找到，因此它是否存在，其具体内容如何，均无定论。有人说，斯宾诺莎确实写了这本书，但后来经人劝告没有发表，而是将其内容纳入后来更系统的著作《神学政治论》中。

革除教籍并不能使斯宾诺莎的观点有丝毫改变。在革除教籍之前，拉比莫特拉曾劝斯宾诺莎悔过，说否则将面临革除教籍的危险。斯宾诺莎对此不屑置理，他回答说："我知道这个危险的严重性，你教会了我希伯来语，作为回报，让我教会你如何去革除一个人的教籍吧！"斯宾诺莎的态度令拉比们怒不可遏，他们将斯宾诺莎革除教籍后仍不甘心，于是串通市政当局，执意将他赶出阿姆斯特丹，说他在该市居住是对他们的挑衅和侮辱。起初犹太社区还想给他留条出路，答应他只要在言行上循规蹈矩，每年就给他1000荷兰盾的年金，但被斯宾诺莎拒绝了。他说，即使给他10000盾年金，他也不接受这样的伪善，他"追求的只是真理，而不是虚荣"。

由于被革除教籍，斯宾诺莎不能与犹太人从事任何商务活动，其亲属也不得不与之脱离关系。这样的惩罚不论在生活上还是在亲情上，对斯宾诺莎都是残酷的。但对于立志追求真理的斯宾诺莎来说，也未尝不是好事，因为他从此彻底摆脱了犹太社区和教会对他的束缚和羁绊，可以全身心投入到他所喜爱的哲学研究中去。他认为哲学研究的目的是为全人类造福，他自己是属于全人类的，而不是只属于犹太人的。因此，他对于离开成长于斯的犹太社区毫无眷顾和留恋之情。他在谈到革除教籍一事时说："既然他们想这样来处理这件事，我也很高兴走我面前敞开的这条路，我聊以慰藉的是，我的离开将是无辜的，比早期犹太人走出埃及还要无辜。"为表示与犹太社区和教会的决裂，他将自己的希伯来名字巴鲁赫改为意思相同的拉丁文名字贝内迪克特。

四、从奥德尔科克村到莱因斯堡村

虽然市政当局要求斯宾诺莎离开阿姆斯特丹，但他并没有立刻离去，而是在市内逗留了一段时间。这时的斯宾诺莎已是一个英俊青年，有地中海沿岸人的相貌特点。他的脸形瘦长，面色苍白，黑眼睛，黑长发，唇上蓄有两撇黑髭须。他身材不高，也不强壮，但很匀称。他的瘦弱和苍白与他长期患肺病有关，他的母亲就是因肺病早逝的。

为了谋生，斯宾诺莎学会了磨制镜片，这些镜片主要是用在望远镜、显微镜或眼镜上的。经过不断的练习和钻研，他的磨镜片技术达到十分精湛的程度。这项工作对斯宾诺莎十分合适，因为它需要沉静、细心和执着，而这些正是斯宾诺莎的突出性格。而且，斯宾诺莎没有把磨镜片只当作谋生的手段，还把它当作一种科学研究来对待，从中萌发出许多关于光学的卓越设想，以致有人说，如果不是生命短暂，斯宾诺莎完全可以在光学上作出更大的贡献。

具备了基本的谋生技能后，斯宾诺莎离开阿姆斯特丹，住到离该市不远的奥德尔科克村的一个友人家里。这个村子有一块犹太人公墓，斯宾诺莎的父母等几位亲人在那里安息。现在关于斯宾诺莎在奥德尔科克村的情况所知甚少。实际上他并没有在那里住多久，或者只是偶尔在那里逗留，因为根据零星的消息可知，他曾经同范登·恩登一起研讨学问，还经常参加阿姆斯特丹"社友派"朋友们的聚会，也曾到莱顿大学学习，其中关于笛卡儿哲学的课程使他获益匪浅。那时莱顿大学是笛卡儿主义的一个中心，笛卡儿早年也曾在那里学习数学。

从 1656 年革除教籍到 1661 年夏离开奥德尔科克村，有人将这段时期称作斯宾诺莎"一生中的黑暗时期"，意思是说他受到了重大的挫折，处在人生的低谷。实际上，对斯宾诺莎本人来说，他的坚强性格和坚定信念使他从未在困境面前感到生活的黑暗。在这一时期，他除了调整自己的生活方式，更多地是思考自己的人生理想，下决心走好自己的路。斯宾诺莎的这一心态可以从他 1658 年开始写的《知性改进论》（*Treatise on the Emendation of the Intellect*）一书中看出来。这本书是关于哲学的目的、知识和方法论的，是斯宾诺莎的第一部著作。也有人将这部著作与笛卡儿的《谈谈方法》相提并论，因为两书有一些相似之处。譬如，斯宾诺莎或多或少模仿笛卡儿，讲述了自己的思想发展。那么，在他人生"低谷"的时候，他是怎么想的呢？

"当我受到经验的教训之后，才深悟得日常生活中所习见的一切东西，都是虚幻的、无谓的，并且我又确见到一切令我恐惧的东西，除了我的心灵受它触动外，其本身既无所谓善，亦无所谓恶，因此最后我就决意探究是否有一个人人都可以分享的真正的善，它可以排除其他的东西，单独地支配心灵。这就是说，我要探究究竟有没有一种东西，已经发现和获得之后，我就可以永远享有连续的、无上的快乐……经过深长的思索，我确切见到，如果我彻底下决心，放弃迷乱人心的财富、荣誉、肉体快乐这三种东西，则我所放弃的必定是真正的恶，而我所获得的必定是真正的善。我深知，我实在到了生死存亡的关头，我不能不强迫我自己用全力去寻求药方，尽管这药方是如何不确定；就好像一个病人与重病抗争，明知道如果不能求得救药，必定不免于一死，因而不能不用全副力量去寻求救药一样，尽管这药方是如何不可靠，因为他的全部希望只在于此……当我的心灵在默念上述的道理时，它就不为那些欲念所占据，而从事于认真考虑新生活的目标。这种体验给我很大的安慰，因为我确实见到这些病痛并不是绝对不可医治的。虽说这种私欲消散、心安理得的境界，起初是很稀少而短促的；但是我愈益明确见到真正的善所在，这种境界显现在我心中，也就愈加经常、愈加持久。"

一旦确定了生活目标，就永远不会放弃。此后，斯宾诺莎将一生完全献给了对真理和人类幸福的追求。

由于对自己的哲学有了更全面的设想，斯宾诺莎没有写完《知性改进论》，而是将其思想纳入他后来的著作中。1659 年末或 1660 年初，斯宾诺莎开始写他的第二部著作《神、人及其幸福简论》（*Short Treatise on God, Man, and His Well-Being*）。这本书是作者为其追随者所写的一个读本，很可能是将一系列讲稿汇集编撰而成。在书中，斯宾诺莎勾勒了他的哲学体系的基本轮廓：从论证神的存在的形而上学和神学开始，然后探讨人的感性、理性和情感的能力和作用，最后在伦理学和宗教中达到对自然、神和人的全面理解。他后来的主要著作《伦理学》也是基本按照这个框架写成的。《神、人及其幸福简论》的原文是拉丁文，已佚失，现在所看到的是十九世纪五六十年代发现的荷兰文手抄本。斯宾诺莎于 1662 年完成该书，但考虑到教会可能的攻击，他生前未将其发表。

在撰写《神、人及其幸福简论》期间，为了避开外界的打扰，全身心从事哲学研究，斯宾诺莎于 1661 年夏迁至莱顿近郊的莱因斯堡村。斯宾诺莎的住所远离村中心，环境幽静，十分适合于写作和思考。虽然斯宾诺莎希望有一个不受打扰的研究环境，但如果说他决意将自己与世隔绝，如有人所说那样是"一个孤独的反叛者"，则绝非事实。这是因为在斯宾诺莎周围已经形成了一个朋友圈，他们保持密切的书信来往，他的寓所也经常有朋友光顾，他本人也不时访问莱顿、阿姆斯特丹、海牙等地，参加那里的学术活动，还利用毗邻莱顿的便利，到莱顿大学旁听哲学课程。

斯宾诺莎之所以能够吸引一群志同道合的人，除了他的思想本身以外，还因为他在与人交往中的人格魅力。一位传记作家写道：斯宾诺莎的"谈话和蔼可亲，他做出的比喻非常贴切，使得每个人都在不知不觉中接受了他的观点。他的话很有说服力，尽管他不喜欢用优美华丽的辞藻。他让自己的话明白易懂，他的论述合情合理，以致听了他的话无人不感到满足。这些卓越的天赋使一切有理智的人都为他所吸引，不论任何时候，人们总会发现他的性情平和而令人愉快……他有一颗伟大而敏锐的心灵，有一种谦恭自足的心态。他机智而充满风趣，以致最文雅的人和最严肃的人，都从中感到十分特别的魅力。"

这时，除了继续撰写并完成《神、人及其幸福简论》外，斯宾诺莎已经开始撰写全面阐述其哲学思想的主要著作《伦理学》（*Ethics*）。当他完成该书的第一部分后，就搁置下来，赶写了另一部著作《笛卡儿哲学原理》（*Principles of Cartesian Philosophy*），并于1663年在阿姆斯特丹出版。这是斯宾诺莎生前唯一用真名发表的著作。这本书的撰写和出版缘于他给莱顿大学一位名叫卡塞阿留斯的学生讲授笛卡儿的《哲学原理》。《哲学原理》面世于1644年，是笛卡儿概括其主要思想的"完整的教科书"。斯宾诺莎在阿姆斯特丹的朋友得知他讲授该书一事，极力怂恿他将讲授的内容写出来发表。于是，斯宾诺莎以笛卡儿曾经设想却没有使用过的几何学方式阐述了《哲学原理》的第二部分及第三部分的片段。后经朋友恳求，他又以同样方式阐述了第一部分，并就这一部分涉及的若干形而上学问题以及自己的想法写了《形而上学思想》（*Metaphysical Thoughts*）一文作为附录。全书用了两个星期完成，由斯宾诺莎的朋友梅耶尔负责编辑、出版。梅耶尔还为该书写了序言，其中特别说明，书中所述是斯宾诺莎对笛卡儿思想的理解和用几何学方法所作的证明，并不完全代表斯宾诺莎自己的观点。那么，斯宾诺莎写这本书仅仅是为了介绍笛卡儿的观点吗？当然不是。斯宾诺莎说，他写这本书是为了"传播真理"，"让人们研究真正的哲学"。显然，斯宾诺莎的目的是以介绍笛卡儿哲学的方式，向深受宗教思想束缚的人们传播一种科学理念，告诉人们什么才是真正的科学知识和方法，尽管他的观点可能与笛卡儿的不同。而且，说这部书不完全代表斯宾诺莎自己的观点也只是就该书的正文部分而言的，对那篇附录《形而上学思想》并不适用，因为这个附录表达的完全是斯宾诺莎自己的想法。斯宾诺莎为什么写这个附录？他后来对友人说，他这样做在某种程度上是想看看人们是否能接受他的观点，看看是否能赢得一些大人物的青睐，使他们愿意看他写的另一些东西，并保证那些东西在发表时不受干扰。如果他们做不到这一点，他就将保持沉默，以免使他的观点违抗国家的意志，并引起大人物的敌视。斯宾诺莎所说的"另一些东西"主要是指他全面阐述自己哲学思想的主要著作《伦理学》。显然，斯宾诺莎已经意识到他的思想很可能会触犯上层统治者，他写《形而上学思想》就是为了投石问路，看自己的思想和著作是否能得到必要的保护。

《笛卡儿哲学原理》出版后，得到读者的欢迎。受此鼓舞，斯宾诺莎的朋友又积极策划了该书的荷兰文译本，由彼得·巴林翻译，于1664年出版。后来斯宾诺莎说，该书的荷兰文本出版后，他就不再关注笛卡儿的著作了。可以认为，此后他就将精力完全用在阐发他自己的哲学观点上。

斯宾诺莎在莱因斯堡村结识的最重要朋友是亨利·奥尔登

伯格。奥尔登伯格比斯宾诺莎年长十二岁，生于不来梅，其父是哲学教师。奥尔登伯格在完成其神学教育后，到英国一富人家做家庭教师，后长期居于英国，曾在牛津学习，与诗人约翰·弥尔顿和哲学家托马斯·霍布斯为友。他对科学深有兴趣，曾加入英国的一个学术团体，每星期都在格雷沙姆学院聚会，讨论自然科学问题。1662年在这个团体的基础上成立了大名鼎鼎的英国皇家学会，奥尔登伯格任秘书，负责与大陆学者的联系。此前的1661年7月，奥尔登伯格去海牙途中听说斯宾诺莎其人，遂改道前往莱因斯堡村拜访。见面后，两人畅谈哲学和科学的各种问题，颇有相见恨晚之感，都表示要保持和培育两人的友谊。后来奥尔登伯格在帮助斯宾诺莎与其他学者的联系方面起了很大作用。奥尔登伯格看到斯宾诺莎主张的演绎方法与英国科学家推崇的实验方法大不相同，于是主张将两种方法结合起来促进科学研究。他给斯宾诺莎寄来英国科学家波义耳的著作，供他参考。斯宾诺莎则从他的理性主义立场出发，通过对波义耳实验方法的考察更坚定了对演绎方法的信心。在他看来，反复做实验是没有必要的，因为事物的性质不是用实验发现的，而是由理智揭示的。

五、伏尔堡村

随着与外界交往的增多，斯宾诺莎向往的安静生活也被打破，于是他故伎重演，于1663年6月迁至海牙附近的一个僻静小村伏尔堡，寓居于一位有社友派倾向的画家家中，在那里一住就是七年。

不过，斯宾诺莎过安静生活的愿望很快就落空了，因为这时他已经同许多朋友建立了通信联系，与世隔绝实不可能，甚至他的寓所也经常有朋友造访，以致他因来访者占用了他的时间而抱怨自己做不了自己的主。当然，对斯宾诺莎来说，朋友的来访并不都是打扰和负担，他也从中获得了益处。其中特别值得一提的是他与惠更斯的交往。惠更斯是著名的物理学家、数学家、天文学家，在科学上多有贡献，他尤以发现土星光环和土卫六而著名。斯宾诺莎迁至伏尔堡村不久，就经奥尔登伯格介绍与惠更斯相识。惠更斯的住处距伏尔堡村不远，两人经常互相拜访。对科学的共同兴趣是将两人联系起来的纽带，他们广泛谈论数学、力学、光学中的各类问题，交换各自的看法和意见。出于改进天文观测工具的需要，惠更斯对磨制望远镜镜片有很深的造诣，当他看过斯宾诺莎磨制的镜片时，也不能不对他的精湛技艺表示赞赏。

斯宾诺莎与惠更斯交往的另一个收获，是通过他结识了后来的阿姆斯特丹市长约翰·胡德。胡德原学习医学，但爱好数学和哲学，对磨制镜片也感兴趣，因此与斯宾诺莎有很多共同语言。前面说到，在写《笛卡儿哲学原理》时，斯宾诺莎就希望他的著作能得到有权势人物的赏识，使他的思想在冒犯保守势力时，能得到必要的支持和保护。胡德后来弃文从政，1667年任阿姆斯特丹市政会成员，后又任阿姆斯特丹市市长，这就为斯宾诺莎接近社会上层打开了方便之门。而其中最重要的是，经介绍，斯宾诺莎结识了著名的政治家、时任荷兰大议长的约翰·德·维特。

维特生于1625年，曾在莱顿大学学法律，对数学很有造诣，出版过关于圆锥曲线的论文，得到惠更斯和牛顿的称赞。1650年，维特步入政坛，任家乡多德雷赫特省议会的议长。从1653年起任荷兰的大议长，成为荷兰的实际掌权者。维特支持新科学，主张思想自由，在政治上坚持共和制原则，推行宗教宽容和信仰自由。后来的事实也证明，斯宾诺莎与维特结识，并在相近的思想基础上成为挚友，确实为他在受保守派攻击时提供了保护。不过，在结识大人物的同时，斯宾诺莎也或多或少地卷入了上层政治斗争的漩涡。在当时的荷兰，围绕实行何种政体而展开的斗争十分激烈。以维特为首的共和派主张实行共和制，维护议会权力，发展工商贸易，推行信仰和思想自由，而以奥伦治王室为代表的王权派则主张实行贵族式的君主专制统治。斯宾诺莎是共和派，他站在维特一边，要求实行共和制和民主政治，尤其反对当时很有影响的加尔文派的宗教偏执政策。当然，斯宾诺莎卷入政治斗争的方式不是像政治家那样采取行动，而是通过著书立说来表达他的观点。

完成了《笛卡儿哲学原理》一书后，斯宾诺莎继续《伦理学》的写作。至 1665 年，他已经写完了该书前三部分的初稿，全书的完成似乎指日可待。然而，这时他又停下笔来，转而写了另一本书《神学政治论》（*Tractatus Theologico-Politicus*）。斯宾诺莎之所以写这本书，完全是出于政治和宗教斗争的需要。当时荷兰政坛上共和派和王权派的斗争十分激烈，而这一斗争在宗教上的表现则是正统加尔文派与自由派之间的对立。维特为推行宗教宽容和政教分离政策，就曾亲自著书进行论证。斯宾诺莎关心国家的政治和宗教状况，感到有责任阐明自己的宗教和政治立场。他亲身经历的一件事或多或少成为他写作《神学政治论》的直接原因。1665 年，伏尔堡地方教会有一牧师职位空缺，自由派向当局递交请愿书，推荐一位自由派人士担任这个职务。自由派的意见遭到保守派的激烈反对，他们也递交了请愿书，推荐自己的人选，并得到市长的支持。保守派在请愿书中指责斯宾诺莎是自由派的同谋，参与起草了自由派的请愿书，并说他是"一个无神论者，一个蔑视一切宗教，因而无疑对共和国有害的人""对社会是极端危险的"。斯宾诺莎深感有必要阐明他的宗教观点，澄清对他的指责，于是决定从神学入手写一部关于神学和政治的著作。

1665 年 9 月，奥尔登伯格在给斯宾诺莎的信中说："我觉得你现在与其说是在作哲学思考，不如说是在作神学思考，如果可以这样用词的话。因为你写下的思想都是关于天使、预言和神迹的。"斯宾诺莎在回信中说："我现在正在写一部我关于《圣经》观点的论著。促使我这样做的理由如下：一、神学家的偏见。因为我知道，这些偏见是阻止人们思考哲学的主要障碍。所以我致力于揭露这些偏见，将它们从明白事理的人心中清除出去；二、普通人对我的看法，他们总是指责我主张无神论。我不得不尽可能地消除这种指责；三、哲学思考的自由，说出我之所思。这是我想全力捍卫的东西，因为在这方面，牧师们正千方百计地用淫威和自负来压制它。"

这里的第三点理由是最根本的。为了捍卫思想自由，斯宾诺莎将他对宗教和政治问题的长期思考诉诸笔端，其中也包括他被革除犹太教籍之前对宗教问题的反思。在基督教各派的争论中，对《圣经》的不同理解历来是争论的焦点，斯宾诺莎的《神学政治论》正是从《圣经》的解释入手，进而证明《圣经》决不与理性相悖，神的启示与哲学的思考分属于不同的领域，两者互不干涉，最后得出思想自由和政教分离的结论。该书对宗教神学和专制制度的批判十分尖锐，当时无任何著作可比，甚至以批判宗教神学著称的英国哲学家霍布斯看了该书后也对它的大胆程度自叹不如。

《神学政治论》涉及大量的经文考据和诠释，难度很大，斯宾诺莎倾注全力写作，历经四年，于 1670 年初用拉丁文完成。其间，他的朋友因宗教观点受到迫害的事时有发生，这促使他决定将该书尽快发表，以回应时局和表明自己的态度。1670 年初，《神学政治论》在阿姆斯特丹匿名出版，它的副标题是："本书不仅表明，对于保持虔诚和共和国的安宁，哲学思考的自由是可以允许的，而且表明，这种自由要得到发扬，如果同时没有国家的安宁和虔诚本身，那也是不可能的。"为了保护出版商，出版地被写成"汉堡"，出版商的名字也是虚构的。此书一出，立刻受到保守派的猛烈攻击，"无神论""亵渎宗教""偶像崇拜""魔鬼撒旦的代理人"等指责铺天盖地而来，多亏有维特的保护，才没有酿出更大风波。

虽然斯宾诺莎的哲学成果丰硕，他的物质生活却一贫如洗。磨制镜片的收入十分有限，他不得不省吃俭用。他的衣食用品极其简单，除了同当时许多荷兰人一样吸卷烟外，他没有任何奢侈爱好。他的朋友德弗里斯愿意赠送他二千弗罗林（银币名），他没有接受。德弗里斯无子嗣，留下遗嘱要斯宾诺莎继承其全部财产，也被他拒绝了。在传记作家的记述中，斯宾诺莎是一个既不关心财富，也不惧怕贫穷的人，他的高尚品德使他根本不把这些放在眼中。他满足于最基本的生活需要，而把主要精力用在哲学思考中。他主张享受正当、快乐的生活，但反对沉迷于肉体快乐，认为那样会使人忘记更重要的事情，甚至会损害健康，加速死亡。对于希望过哲学生活或希望实现完美人生的人，他都给予一个忠告："追求金钱或任何其他东西，不要超出维持生活和健康的限度。"这同时也是他自己的"生活准则"。斯宾诺莎的崇高品德也表现在日常生活中，后人追思他时，无不称赞他的真诚、豁达、友善、平和、快乐和自制。诚如英国哲学家罗素（Bertrand Russell）所说："斯宾诺莎是伟大哲学家当中人格最高尚、性情最温厚可亲的。按才智讲，有些人超越了他，但是在道德方面，他是至高无上的"。

六、海牙

为了更贴近知识氛围浓厚的生活，同时也应朋友的邀请，在完成了《神学政治论》并安排好出版事宜后，大约在1670年初，斯宾诺莎离开伏尔堡村，迁至海牙。先是住在一个寡妇家，一年后搬到邻近的一位画师家，直至去世。斯宾诺莎的生活仍然简朴，除了随身携带的磨镜设备和书籍外，他没有像样的家具，也谈不上财产。他说："除了为举行一个体面的葬礼所必需的东西外，我不打算在去世时留下任何东西。我的亲属从我这里继承不到任何东西，正如他们没有给我留下任何东西一样。"

在海牙，斯宾诺莎与维特有了更多接触的机会，维特也曾亲自到斯宾诺莎的住处拜访。毫无疑问，维特的保护是斯宾诺莎免受保守势力迫害的主要因素。不过，欧洲的大国争霸和荷兰的政局变动最终使斯宾诺莎失去了这个重要的朋友。1672年，法王路易十四为争夺欧洲霸权突然向荷兰宣战，荷兰猝不及防，节节败退。荷兰民众将失败的责任迁怒于维特，维特被迫辞去大议长的职务。8月20日，维特去狱中看望因谋反罪被捕的兄长，一群被煽动的群众闻讯冲进监狱，将维特兄弟俩杀死。维特的死讯传来，斯宾诺莎极度震惊，他当即写了一张"你们是最野蛮的人"的布告，想当夜张贴到维特遇难的现场，以示对暴行的抗议。房东怕斯宾诺莎会遭不测，将他锁在屋内不许外出。维特之死使斯宾诺莎失去了重要的政治保护，其直接的表现是，1674年7月，他的《神学政治论》和霍布斯的《利维坦》一起被荷兰当局列为禁书。

法国的入侵及荷兰的败绩，使斯宾诺莎忧心如焚。为了阻止法国人的侵犯，斯宾诺莎做出了令国人惊讶的举动：他亲自前往乌特勒支的法军兵营，欲与法军指挥官孔代亲王谈判。事情缘起于一位法国军官让·巴蒂斯特·斯托普的策划。这位军官是个投机钻营、不讲原则的人，他曾批评荷兰的宗教宽容政策，辱骂斯宾诺莎"是个坏犹太人，也不是好基督徒"，说《神学政治论》的目的就是摧毁一切宗教。但当他看到孔代亲王喜欢哲学，赞成自由思想，就建议亲王邀请斯宾诺莎来访，想以此讨好亲王，为自己谋取利益。斯宾诺莎接到亲王的邀请，也想借此机会促成两国议和，于是决定只身前往，于1673年7月到达法军兵营，并受到热情接待。关于斯宾诺莎是否与亲王会见，有两种说法。一种是说亲王因临时有事回国，斯宾诺莎等候几周未能相见后返回海牙。亲王曾建议斯宾诺莎将他的书献给法王，并为他申请一笔年金，但被他拒绝。另一种说法是斯宾诺莎最终见到了亲王，亲王劝他一同去法国，被他拒绝。不论怎样，对于平息法、荷之间的战事，斯宾诺莎此行是无功而返。他回来后，海牙民众怀疑他是法国间谍，向他发出威胁。房东担心斯宾诺莎和自家的安全，斯宾诺莎安慰他说："不要怕！我是无罪的，有许多高官清楚知道我为什么去乌特勒支。只要有人在你门前喧闹，即使他们像对待善良的维特兄弟一样对待我，我也要挺身而出，与他们当面辩争。我是一个政治的共和主义者，我的目的是为国家谋福利。"不过，斯宾诺莎的访问是否如他自己所说有官方背景，并无可靠证据，也许他只是为了使房东安心而故作此说吧。

斯宾诺莎的名声日隆，引起了许多重要人物的注意，其中有日耳曼帕拉提纳特选帝侯卡尔·路德维希。他委托海德堡大学教授约翰·路德维希·法布里丘斯给斯宾诺莎发信，请他担任海德堡大学的哲学教授。斯宾诺莎对这一邀请很感兴趣，但在考虑了一个月后，最终谢绝了。他一方面不想因从事教学而影响哲学研究，另一方面对邀请信中希望他"不滥用哲学思考的自由而扰乱公共确立的宗教"一语感到不解，担心会因此失去他最珍视的思想自由。

在海牙，斯宾诺莎结识了后来与他齐名的德国理性主义哲学家莱布尼茨（Leibniz）。1671 年 10 月，斯宾诺莎收到了莱布尼茨寄来的第一封信，信中向斯宾诺莎请教光学方面的问题，并附去了他写的一篇光学论文。这时的莱布尼茨还只是一位酷爱科学，但尚无名气的年轻人，出于一个偶然的机会，他正担任美因茨选帝侯的文化和外交顾问。斯宾诺莎在给莱布尼茨的回信中就后者所说的光学问题提出了看法，并答应给他寄一本《神学政治论》。实际上，莱布尼茨此前已经看过这本书，后来两人在通信中讨论了书中涉及的许多问题，只是这些信未能保存下来，讨论的详情也不得而知。不过，可以肯定，在很多方面，莱布尼茨这位主张维护宗教权威的哲学家不会同意斯宾诺莎的观点，因为他在此前给友人的信中就曾说过，斯宾诺莎对《圣经》的批判与霍布斯的《利维坦》的根据是一样的，其缺陷是不难证明的，他为这样一位有才学的人堕落到如此地步感到悲哀。实际上，斯宾诺莎也清楚知道《神学政治论》在许多法、德学者中不受欢迎，因此对莱布尼茨这位德国人抱有戒心。尤其当荷兰与法国正在交战之时，莱布尼茨却于 1672 年作为美因茨选帝侯的外交官常驻巴黎，这更使斯宾诺莎怀疑他在为法国效力，当友人建议他将《伦理学》送给莱布尼茨一阅时，他明确拒绝了。斯宾诺莎与莱布尼茨的首次见面已经是数年之后的 1676 年底。这时，斯宾诺莎已经消除了对莱布尼茨的疑虑，让后者看了《伦理学》的手抄本，两人围绕感兴趣的问题进行了多次长谈。

1675 年，斯宾诺莎终于完成了他的《伦理学》，这本书从 1662 年开始动笔到完成，断断续续用了十三年。该书是斯宾诺莎的最主要著作，是对他的思想的系统阐述。全书分为五个部分，从有关神、实体、属性、样式、自然的形而上学开始，然后论及人心的本性，知识和情感的性质，最后讨论达到自由这个伦理目标的理性方法和途径。该书的一个突出特点是它完全按照几何证明的方式写成：对于每一个论题，都从定义、公理开始，然后是命题及其推理和证明，必要的地方还有注释和附录。这一写作方式鲜明地体现了斯宾诺莎这位理性主义者对数学方法的推崇，在他看来，只有几何证明的方法才能精确说明复杂的哲学问题。

不论从《伦理学》的内容看，还是从它的结构、方法看，都特别体现了斯宾诺莎对体系性的追求。在当今哲学家中，动辄建立一个包罗万象的体系，已经成为过时的想法。人们普遍认为，与建立庞大的体系相比，对于具体领域和具体问题的关注和研究，更有利于推动对哲学的发展和社会问题的解决。但在斯宾诺莎的年代以及后来很长一段时间里，建立一个完整的理论体系，从而解决人类面临的所有问题，却是哲学家们孜孜追求的目标。说一个哲学体系是完整的，首先是指在内容上，它至少应当包括形而上学、认识论等所谓的理论哲学，还应当包括道德哲学、政治哲学、法哲学等所谓的实践哲学在内，它是各方面知识的总和。而且，它不是各种观点和洞见的罗列和堆积，而是具有内在的逻辑关联和清晰的论证理路，形成为一个系统的理论结构。在这个体系中，一般而言，形而上学和认识论具有基础性地位，它们决定着实践哲学的理论取向和方法选择。而对西方哲学有重要影响的宗教神学和自然科学，则根据哲学家的不同思想倾向，作为思辨的材料和原则，贯穿于体系之中，发挥着特殊重要的作用。而在所有这些方面，不论就其结构的系统和全面，还是就其论证的严密和规整，斯宾诺莎的《伦理学》都可以看作是此类体系性著作的典型代表。而从前面的描述可知，斯宾诺莎之所以能写出《伦理学》这样的系统著作，是与他确定一个思想目标后锲而不舍的不懈追求分不开的。在这个意义上，虽然他在不同的情况下，针对不同的论题，写了不同的著作，但这些著作都可以看作《伦理学》的预备性成果或扩展性补充，它们共同构成了整个体系互相关联的重要组成部分。

1675 年夏，斯宾诺莎到阿姆斯特丹安排《伦理学》的出版事宜。这时，有传言说他要出版一本论证神不存在的书，一些神学家闻听此言，要到当局控告他，并策划陷害他的阴谋；一些笛卡儿主义者为了避免与斯宾诺莎为伍的嫌疑，也开始攻击他。在这种情况下，斯宾诺莎不得不将《伦理学》推迟发表。1677 年 11 月，斯宾诺莎的朋友将该书与他的另外几部著作一起以《遗著》（ *Opera Posthumas* ）为名在阿姆斯特丹出版，这时斯宾诺莎已经去世将近一年了。1678 年 6 月，荷兰议会通过法令，以"渎神"和"无神论"的罪名将《遗著》查禁。

虽然《伦理学》的出版受挫，但并没有影响斯宾诺莎继续完成他的写作计划。至少在 1676 年年中，他已经开始撰写他的另一部著作《政治论》（ *Political Treatise* ）。在这部著作中，斯宾诺莎从对人性、自然状态、自然法、社会契约等近代政治学基本概念的分析出发，论证了政府的起源，着重阐述了关于君主制、贵族制、民主制等政体形式的观点，表明了拥护民主制的政治立场。在某种意义上，这部著作可以看作是《神学政治论》的续篇，而且与荷兰当时的政治生活有更加密切的联系。不过，这部深具现实意义的著作没有写完，斯宾诺莎就去世了，留下了重大的遗憾。

除了《政治论》因斯宾诺莎的去世而未能完成外，遭遇同样命运的还有他的另一部著作《希伯来语法》（*Hebrew Grammar*）。希伯来语是《圣经》的原始语言，斯宾诺莎研究《圣经》，特别强调要从掌握希伯来语入手。他的《神学政治论》就大量运用了希伯来语的知识。《希伯来语法》是斯宾诺莎应友人之请而写的，全书计划分两部分，第一部分是词法，第二部分是句法。他只写完了第一部分的三十三章，第二部分只字未写。

这时，斯宾诺莎的生活依然贫困。营养不良，加上长期吸入磨镜片产生的粉尘，使他自幼患上的肺病不断加重。至少从17世纪60年代中期起，他就开始被经常的发热、咳嗽所折磨。至70年代中期，他的病情已经恶化到十分严重的程度。但贫困和疾病丝毫没有销蚀他追求真理的热情，他几乎将全部精力都投入到哲学研究中去。他似乎在以自己的生命践行《伦理学》中写下的名言："自由的人是最少想到死亡的，他的智慧是对生的沉思，而不是对死的默想。"也许正由于这种态度，当死亡真的来临时，他似乎没有感到任何痛苦。1677年2月21日下午，他在寓所中平静地死去，时年45岁。四天后，斯宾诺莎被安葬在附近的斯波耶新教堂，许多名人赶来为他送葬。

第 2 章

知 识 与 方 法

　　认识论和形而上学是斯宾诺莎哲学的主要部分，也是最富哲理的部分。也许这位哲学家的基本观点和原则并不十分难懂，但是要准确理解他为阐明其思想所进行的复杂推理和论证，却并非易事。这主要是因为，作为一位理性主义思想家，他将他的学说完全建立在抽象思辨和概念演绎的基础上，他很少用经验事实来确证他的观点，而是强调理性推演和逻辑证明的力量。他追求几何学的系统性和精确性，试图用几何学方法来构建他的思想体系，因此大量采用了定义、公理、概念、命题、推理等证明形式，形成了一个庞大的、错综复杂的论证结构。与这种论证方式相适应，他的论述简约、精炼，甚至惜字如金，因而难免有许多晦涩不明之处。所有这些都为准确把握他的观点和思路造成了困难。正如黑格尔所说："至于他的学说体系，那是很简单的，大体上是很容易掌握的。唯一的困难部分在于方法，在于他用来表达思想的那种错综复杂的方法，在于他对主要观点、主要问题每每只是一瞥即过，讲得不够充分。"这也就是为什么对斯宾诺莎思想的研究成为西方哲学研究中公认的一个难点。可是，为了如实展现斯宾诺莎的理论特色，同时真正体会他所追求的哲学理想，我们又不能将他的论述过度简化或通俗化，或者仅仅提供一个大而化之的轮廓，因为那样很可能会遗漏其中许多有价值的东西，甚至将他的理论"架空"，使读者无法真正感受到他的思想魅力。因此，我们尝试尽可能用简明易懂的语言来介绍斯宾诺莎的观点和论证，尽管这样对有些读者仍可能会有理解上的困难，但如果我们换一个角度看，将理解的过程看成是一个锻炼我们思维能力和批判能力的过程，从中得到思辨的乐趣，不也是一件十分有益的事情吗？

一、知识的分类

斯宾诺莎认为，哲学研究的目的是达到"真善"。所谓"真善"，就是排除了"财富、荣誉、感官快乐"等对人心的迷惑，使人得到永恒快乐的东西。而要达到"真善"，取决于人是否能得到关于万事万物的知识。如果没有知识，任何哲学体系都是空洞的、没有内容的。在哲学研究中，首要的任务就是解决如何获得知识的问题。

斯宾诺莎毫不怀疑人能够获得真正的知识，认为这是由人的"本性"所决定的，在这一点上他反对怀疑主义。但同时他也承认，与人所要达到的认识目的相比，人实际具有的认识能力是薄弱的、有缺陷的，要使人能成功而正确地认识事物，必须对人的理智能力进行"改进"和"纯化"。而要做到这一点，首先必须考察人类知识的种类和相应的认识方法，以弄清人的认识能力的本性。

斯宾诺莎将人类知识分为四种：

一是"由传闻或者由某种任意提出的名称或符号得来的知识"。这是指通过听说或阅读文字得来的知识。譬如，从别人那里得知我的出生、身世等情况，或得知其他自己未曾经历的事情。

二是"由泛泛的经验得来的知识"。这里之所以说"泛泛的经验"，是因为这些经验都是个别的、偶然发生的。经验既已发生，就不可消除地存在于心中，构成我们知识的一个部分。譬如，油能够助燃，水能够灭火；犬是能吠的动物，人是有理性的动物等，都是我们由经验得知的。我们实际生活中的大部分知识都来自于这个源泉。

三是"由推理得来的知识"。这类知识的特点是从一个事物的已知性质推出另一个事物的性质。推理的方式可以有多种，根据不同的情况而定。譬如，我们可以由结果推出原因，这是一个因果推理；或者由某一现象经常有某一性质相伴随的众多事例，推出凡有这个现象出现，这个性质也必然出现的结论，这是一个归纳推理；或者根据事物的某一性质，推出类似情况下其他事物也有类似性质，譬如根据眼睛观物近大远小的特点，推出远处的太阳比我们眼睛实际所见的要大，这是一个类比推理。

四是"纯粹由事物的本质得来的知识"。这类知识的特点是，当我知道了某事，我就确切知道某事是怎么回事。譬如，当我知道了灵魂的本质，我就知道灵魂是与肉体是统一的。数学知识也属于这个性质，譬如，如果我知道两条直线都与第三条直线平行，那么，这两条直线也平行。不过，能用这种知识来认识的事物十分稀少。

为了更清楚说明这四种知识的区别，斯宾诺莎还用了一个例子一以贯之。这个例子是关于比例的性质的：有四个数，已知第一个数与第二个数的比，等于第三个数与第四个数的比，现已知前三个数，求第四个数。根据四种知识的划分，对这个问题可以有四种解决办法（认识方法）：（1）我们可以根据老师告知而自己并未证明的方法来确定第四个数。这是"由传闻得来的知识"；（2）当数目比较简单的时候，我们可以根据对简单数目的经验来确定第四个数，譬如，若前三个数是2，4，3，则很容易确定第四个数是6。这是"由经验得来的知识"；（3）以这四个数为例，当我们发现将第二个数与第三个数相乘，所得之积再用第一个数来除，商数也是他们已经知道的6，于是，由此推断，这种算法可以用于求第四个数。这是"由推理得来的知识"；（4）数学家们可以直接知道，对于a：b = c：d这样的比例关系，外项a和d的乘积必定等于内项b和c的乘积，即使他们不知道具体各项的数值是什么。这是"纯粹由事物的本质得来的知识"，与推理无关，斯宾诺莎也称之为"由直观得来的知识"。这里所谓的"直观"是指一种特殊的认识方式，其特点是既不依据任何其他知识材料，也不借助任何推理，就"直接"获得事物的概念，是"从事物本身看到事物本身"，其方式与人用眼睛"看"有些相似，即"一下子"就获得事物的形象。斯宾诺莎采用"直观"的方法，也是追随了笛卡儿：笛卡儿把"直观"作为构成人类知识"第一原理"的根本方法。

斯宾诺莎区分了四种知识，也确定了与获得各类知识相应的四种认识方式。那么，哪种知识和认识方式是最佳的，最能符合我们的认识目的呢？为说明这一点，斯宾诺莎对人的认识目的作了更具体的规定。他认为，最佳的知识和认识方式应当最有利于达到如下目的：首先，要有利于确切地认识人的本性和事物的本性；其次，要有利于正确地推断事物的差异、相同和相反之处；再次，要有利于正确地了解到，我们能使事物在多大的范围内起作用和不起作用；最后，要有利于将这些结果与人的本性和能力相比较。

斯宾诺莎对认识目的的上述规定，实际上是用自己的话，表述了近代认识论的一个基本纲领，即人作为有理性能力的认知者，应当在深入考察人的本性和能力的同时，把认识世界、改造世界作为自己的任务。而这个纲领，在他之前的英国哲学家弗朗西斯·培根（Francis Bacon）和法国哲学家笛卡儿已经原则上提出来了，他们都要求将客观世界作为人类认识的对象，并坚信人类能够把握自然的奥秘。在这一点上，可以说斯宾诺莎是培根和笛卡儿的继承者。

斯宾诺莎将上述认识目的当作衡量知识的确定性和认识方式的有效性的标准，符合这些标准的知识和认识方式，就能使人达到最大的"完善"。于是，他根据这些标准对四种知识和认识方式的确实性作了比较。他认为，第一种知识来自"传闻"，就好像一个盲人从未见过颜色，却将从别人那里听来的关于颜色的知识到处传播，具有很大的不确定性，也无法使人认识事物的本质。因此，这种知识应当被排除于科学之外。第二种知识是经验的知识。经验的知识都来自个别的事例，不能提供普遍规律性的东西，因此也是不确定的，如果根据这种知识来研究自然事物，除了发现一些偶然的东西外，并不能发现事物的本质。因此这种知识也应当从科学中排除掉。后来，斯宾诺莎将第一、第二种知识合为一种，称之为"意见"或"想象"，实际上指从直接经验或间接经验得来的知识。他认为经验的知识是靠不住的，是一切错误的根源。第三种知识是推理的知识，它可以给我们带来关于事物的观念，而且只要推理的依据是真实的，推理的方法是正确的，这种知识就是无误的、必然真的，后来斯宾诺莎也称其为"真信念"。但这种知识毕竟是由其他前提推出来的，它依赖于别的源泉，因而是"间接的"，它本身并不是我们达到"完善性"的"直接"手段。那么，能使我们达到"完善性"的"直接"手段是什么呢？斯宾诺莎认为，非第四种知识莫属。他指出：只有"直观的"知识可以使我们"直接"认识事物的本质而不会陷于错误。因此，我们要真正认识未知事物，首先应获得这种知识。斯宾诺莎将第三、第四种知识归为一类，认为它们提供了必然真的知识，只有它们能用于辨别真理和谬误。

斯宾诺莎对知识的上述划分，将经验主义的认识路线与理性主义的认识路线区分开来了。在西方近代认识论中，经验主义和理性主义的分歧主要表现在对知识的来源和如何获得可靠知识的看法上。经验主义者一般认为一切知识来源于经验，主张以经验为根据，通过经验归纳方法获得可靠知识；理性主义者则断言，人的知识有不依赖于经验的另一个来源，这个来源是自明的、无误的，具有直观的确实性，通过对它们的演绎推理，就可以获得必然真的知识。斯宾诺莎认为经验的知识是靠不住的，将其排除于科学之外，将直观和理性演绎知识作为科学知识的来源，清楚表明了他的理性主义立场，与经验主义划清了界限。

二、天赋能力与真观念

虽然直观的知识是必然真的，但这类知识"十分稀少"，对于人类知识的宏伟大厦来说，它们只能作为基础或起点，而不能代替知识的全部。那么，以直观的知识为基础，应当用何种方法来构建人类知识的大厦呢？斯宾诺莎认为，这里首先要考虑的是应当将我们的方法限制在人类理智的"天赋能力"之内，而不借助任何外来的东西。所谓人类理智的"天赋能力"，是指人作为理性动物"天生"具有的认识能力。在斯宾诺莎看来，诉诸人的天赋能力，而不借助别的方法，就可以使人对真理的寻求完全建立在自身能力的基础上，避免了采用外来方法所带来的不确定性。他用一个例子说明他的观点。他说，如果我们的认识不依靠自己的天赋能力，总是寻求别的方法，那就好像要制造一件铁器，必须先有铁锤，而铁锤必须靠锻造得到，而锻造铁锤又必须用别的铁锤或工具，如此延推以至无穷，结果任何铁器都造不出来。实际上，人制造物品的方式并不是这样的。人在制造物品时，总是先用一些"天然的"工具造出一些简单粗陋的器具，然后用这些器具造出比较复杂完备的器具，再用这些比复杂完备的器具造出更为复杂完备的器具，如此不断改进，直至造出最完备、最有效的器具，最后用它制造所需的物品。人在认识真理时也遵循同样的路径：人首先凭借"天赋能力"造出理智的工具，然后凭借这种工具获得新的能力，造出新的理智作品，再由这个理智作品中获得新的工具或进一步研究的能力，造出新的作品，如此循序渐进，直至达到智慧的顶峰。

斯宾诺莎将人的认识建立在"天赋能力"的基础上，是对人的认识能力的肯定和尊重。他表明，人的认识问题，获得知识的方法问题，都可以在人自身能力的范围内解决，不需要借助任何外来因素的作用。在宗教观念和经院神学严重阻碍人类认识发展的年代，斯宾诺莎的这一观点将人看成是天然具有独立认识能力的存在，极大地弘扬了人类理性的权威，提高了人在认识活动中的地位，显然具有反宗教进步意义。

斯宾诺莎区分了不同的知识和认识方式，指出了人类运用理智能力的一般进程，但对于获得真知识，只明确这些还是不够的，因为还必须解决人如何运用自己的理智能力来获得真知识的具体方法问题。斯宾诺莎认为，要说明这个问题可以分为两个步骤：一是说明我们的认识的"起点"是什么，如何确定这个起点；二是在确定了"起点"后，建立恰当的认识程序和规则。

人类的知识大厦不是现成的，总要从基础上一砖一瓦地建造起来，人的认识也不是一下完成的，总要从一个"起点"开始，通过运用正确的方法逐渐完善。那么，知识大厦的基础和人类认识的"起点"是什么呢？斯宾诺莎认为是人心中的"真观念"（true idea）。

要说明什么是"真观念"，先要说一说什么是"观念"。

"观念"（idea）这个词来自希腊文，词源上与"视""视觉形象"有关，原意是指"可见的形象"。后来哲学家在不同的意义上使用这个词，经历了不同的用法。到了近代，笛卡儿主要在认识论的意义上使用这个词，将观念看作是人心中的东西，是人在认识过程中所拥有的全部认识材料。笛卡儿区分了不同的观念及其来源。他认为观念有三种：一种是人心中固有的"天赋观念"，另一种是由外界事物作用而产生的"感觉观念"，第三种是由心灵虚构而造成的"想象的观念"。这三种观念中，"天赋观念"是纯思想的东西，是真理；"感觉观念"是感官在外界事物的作用下产生，受很多条件限制，因此是不确定的、易误的；"想象的观念"则完全是人心臆造出来的，如火龙、飞马之类，并无真实性可言。笛卡儿对观念的用法区分了认识材料的不同种类和性质，至康德和黑格尔将这个词用于不同的意义上以前，一直是欧洲哲学中讨论认识问题的一个基础。当时的哲学家，不论是理性主义者还是经验主义者，尽管他们不一定同意笛卡儿对观念的规定，但都接受了笛卡儿的一个基本思想：观念是认识的材料，是思维的直接对象。因此，当我们看到当时的哲学家纷纷在"观念由何而来"的题目下讨论知识的起源问题时，就不会感到奇怪了。

斯宾诺莎也将观念看作是思维的对象。他说"观念，我理解为心灵所形成的概念，因为心灵是思想的东西"。不过，与笛卡儿不同的是，斯宾诺莎不认为心灵是一个"实体"，可以像摆弄物品一样摆弄心中的观念，而是把心灵看作是思想的"样式"，它是由各种观念构成的。在他看来，只有在心灵由观念构成的意义上，才能说"心灵是现实存在的"。

观念也有不同种类之分，有些观念是由于身体受到触动而产生出来的，有的是对不同观念的观念，也有的是对人心中各种情感的观念，等等。但是，能作为认识"起点"的观念只有"真观念"，由真观念出发，按照正确的规则进行推理，就能得到真知识。

那么，什么样的观念是真观念呢？斯宾诺莎认为，真观念是与其对象相"符合"的观念，当人心具有了真观念，也就意味着认识了与真观念相符合的对象。所以他说："具有真观念并没有别的意思，即是最完满、最确定地认识一个对象。"在这里，斯宾诺莎实际提出了一种"符合论"的真理观。在他看来，真观念就是真理，其标志就是它与其对象相符合。"符合论"是西方哲学真理论中最流行的一种观点，即认为凡是与现实事物的存在方式相符合的思想或命题就是真理。"符合论"之所以最为流行，是因为它以现实的事物为根据，它不是虚构的，而是实在的，它反映着现实事物的本质，能为人类认识世界和改造世界提供符合实际的指导。不过，作为理性主义者，斯宾诺莎这里所说的"符合"，不是经验主义者所推崇的图画与原型之间"相似"的那种"符合"，而是指真观念在思想中把握了对象的"本质"，与对象的"本质"相符合。斯宾诺莎坚决反对那种"图画式的"符合论观点，在他看来，"图画式的"符合只是表面上的相似，并不能把握事物的本质。

虽然真观念"符合"其对象，但与对象不是一回事。真观念是思想中的东西，对象是外部世界的事物。两者的区别可以用圆形的真观念与圆形对象之间的区别来说明：圆形作为一个确定的形状，有周边和圆心，而圆形的真观念却没有。尽管如此，圆形的真观念却可以表明圆形的本质，因而成为"真理"（当然，真观念如何表明对象或事物的本质，并由此推出对象的其他性质，还需要遵循一定的程序和规则，并不像这里说的那样简单）。

真观念既然是观念，也可以被思考、被理解；而作为思想活动，思考和理解也是通过观念的方式来进行的，这样一来，真观念就成为别的观念的对象，而这个别的观念同样可以被思考和理解，成为另一个观念的对象。如此类推，以至无穷。譬如，某物是一个实际存在的对象，虽然该物的真观念与该物本身不相同，但也是真实的东西，它在思想中表明了该物的本质。既然这个真观念也是真实的东西，它就同样可以被思考和理解，就是说，它也可以成为另外一个观念的对象，于是，这另外一个观念也就有了内容，它包含了该物的真观念所具有的一切。而且这另外一个观念也有它自身的本质，也可以被思考和理解，于是，它又可以成为别的又一个观念的对象……同样的过程可以无限地进行下去，并不断引出新的观念，形成了思想的连续或系列。这一情形表明，如果要知道一个事物的本质，不必知道这里所有的观念，也就是说，不必知道所有观念的观念、观念的观念的观念……用斯宾诺莎的话说就是，"要知道一件事物，无须知道我知道，更无须知道我知道我知道"。

斯宾诺莎上述近乎绕口的话是要说明什么意思呢？他的意

思是：虽然我们在思考事物时会涉及许许多多的观念，但我们要把握事物的本质，实际上只要知道那个最原始的真观念是什么就够了，不必诉诸后来次生的观念或别的什么东西。用他的话说就是："要达到真理的确定性，除了我们具有真观念外，更无须别的标记。因为为了知道，我无须知道我知道。"他明确表示，只要具有事物的真观念，就是把握了事物的本质，也就达到了最确定的真理。真理的确定性与事物的本质是同一的。

不过，要注意的是，在由真观念引出的思想系列中，斯宾诺莎用"本质"一词指的是某物作为思想的对象、"在思想中的"本质（他借用经院哲学的术语，也称其为"客观的本质"），而不是指某物现实的本质。斯宾诺莎强调的是：在思想的范围内，通过真观念来把握事物的本质，这个本质虽然是在思想中被把握的，却能真实地表明事物自身的现实本质（他借用经院哲学的术语也称其为"形式的本质"）。在他看来，思想中观念之间的关系与其对象（事物）在实在世界中的关系是一致的。因此，在某种意义上，我们完全可以不考虑观念与其对象的"符合"，而只从观念之间的关系来了解其对象或事物之间的关系。与此相联系，在说明事物的本质时，斯宾诺莎除了用"真观念"一词，还常使用"恰当的观念"（adequate idea）一词。他对两者的区分是："真观念"是指与其对象"相符合"的观念，表明了一种"外在的"关系，而"恰当的观念"则是就观念本身的性质而言，一个观念是否恰当，取决于各观念之间"内在的"连贯性，不涉及与对象的"外在关系"；除此以外，两者完全相同，没有差别。因此，他也说，我们有了"恰当的观念"，也就达到了最确定的真理。

要注意的是，虽然"真观念"和"恰当的观念"是真理，但两者都不是天赋的，要发现它们必须经过一定的认识程序。斯宾诺莎只承认人有天赋的理智能力，不承认人有天赋的观念，这是他与笛卡儿的不同之处，而且比后者的观点更合理、更有说服力。因为人有理智能力是人与其他动物的一个根本区别，这是由人这个种群的性质所决定的，并为人人所见；而人心中是否有"天赋观念"却是一个争论不休的问题，笛卡儿所说的"天赋观念"得不到有力证据的支持，反倒很容易追溯到其他的来源。譬如经验主义者证明说，人出生时心灵就像一块"白板"，上面没有任何"天赋观念"，所谓的"天赋观念"只不过是后来从经验中概括出来的。

三、"真方法"

真观念是真理，它表明了事物的本质，但对于庞大的知识体系来说，对于人类要认识许许多多未知事物这一根本任务来说，真观念只是认识的"起点"。它对于获得真知识是必不可少的前提，但它毕竟是稀少的，不能代表人类知识的全部，人类要获得关于自然的全面知识，就必须从表现自然根源的真观念进行推演。斯宾诺莎所描述的"观念的观念的观念……"的无穷进程，不但说明了人类知识的范围是无限广大的，也说明了人类以真观念为"起点"的认识过程是无限漫长而复杂的。

那么，人类如何才能从真观念出发，通过漫长而复杂的认识过程而获得真知识，从而达到自己的认识目的呢？显然，这里有一个认识程序或方法的问题，不解决这个问题，人的认识目的是无法达到的。

根据前面所述，斯宾诺莎首先说明了这个方法的性质，他称这个方法为"真方法"。他认为，人的正确认识应当是以真观念为"起点"，推出无穷的"观念的观念的观念……"，并因而获得真知识，而这里的关键是要采取正确的推理方法。既然这个推理是在"观念的观念的观念……"的方式下进行的，是对思想进行思想，即"反思"，所以，这个推理就不是用来了解事物原因的，即不是针对事物原因本身的，而是针对观念之间关系的，是从一个观念推出另一个观念。而这个推理要成为正确的，就必须遵循观念之间由此及彼的真实过程，也就是要符合观念之间的逻辑的必然性。这就是所谓的"真方法"。

斯宾诺莎概括说，这个方法就在于：首先弄清什么是真观念，将真观念与不是真观念的其他观念区分开来，并研究真观念的性质；然后，借助对真观念及其性质的了解，使人能够了解自己的理智能力，能够对心灵进行训练，使心灵能够以真观念为"标准"（standard）进行推理，得出我们所需的知识。而且，为保证推理的正确无误，还要制定一些确定的规则作为补充，确保心灵不在无益的东西上浪费精力。

这个方法的道理听上去很简单，但要实施起来却非易事。按斯宾诺莎所说，这个方法实际分为两个部分：第一部分是将真观念与其他观念区分开来，确定何者是真观念；第二部分是建立指导心灵按照真观念的标准进行正确推理的各种规则。斯宾诺莎分别对这两个部分作了说明。

"真方法"的第一部分：真观念的区分

既然真观念是推理的"起点"和标准，所以显而易见，对于全部认识方法来说，首要的任务就是确定什么是真观念。人心中有许许多多的观念，真观念是与虚构的观念、错误的观念和可疑的观念混在一起的，心灵必须首先将真观念与其他观念区分开来，确定何者是真观念，才谈得上从真观念进行推理。

斯宾诺莎分别论述了虚构的观念、错误的观念、可疑的观念的性质与特点，阐明了它们与真观念的区别，以及将真观念分辨出来的方式。

关于"虚构的观念"

斯宾诺莎认为，所谓"虚构的观念"总是关于事物的存在的，是对事物的存在的虚构。对于什么样的事物可以虚构，什么样的事物不能虚构，斯宾诺莎从逻辑关系上作了精彩的区分。他认为，对于"不可能存在的事物"（即其存在蕴含着矛盾），我们不能虚构其存在；对于"必然存在的事物"（即其不存在蕴含着矛盾），我们不能虚构其不存在；而只有对于"可能存在的事物"（即其存在或不存在都不蕴含矛盾），我们才能虚构其存在。斯宾诺莎的意思是：凡是在逻辑上不可能的事物是不能虚构的；反之，凡是在逻辑上可能的事物，不论其是否真实存在，都可以进行虚构。譬如，我们可以虚构地球是半球体，因为这并不蕴含矛盾，尽管它实际上并非如此；而我们不能虚构"圆的三角形"，因为这蕴含着矛盾。

虽然我们可以对"可能存在的事物"进行虚构，但当我们已经确知了某一事物的本质，就不能对之虚构，因为虚构不能违反事物的本质。譬如，我们不能虚构一只无限大的苍蝇，因为这违反了苍蝇的本质。而当我们对事物的本质所知越少，即自然知识越贫乏，就越容易出现虚构，神话中的树精鬼怪、神灵变化等虚构都属于此类。

斯宾诺莎进而指出，凡是虚构的观念都是混淆的，而所有这些混淆都是由于心灵在认识事物时的不恰当方式造成的，譬如，不能全面认识事物的整体或其组成部分，分不清已知的东西和未知的东西，在注意一个事物时不能清楚分辨其各组成部分等。因此，要避免观念的虚构，就要避免观念的混淆，也就是要使观念清楚、明白。那么，什么样的观念是清楚、明白的呢？

斯宾诺莎认为，既然观念的混淆是由于有些观念由许多部分组成、心灵不能清楚分辨它们造成的，那么，很显然，不包含组成部分的简单观念不会造成混淆，所以，简单观念一定是清楚、明白的。简单观念的获得分不同情况。譬如，一种情况是，如果观念的对象是简单的，这个观念也必定简单；另一种情况是，即使对象是复杂的，由许多部分组成，但只要我们在思想中将其分为各个简单的部分，我们对各个部分形成的观念也可以是简单的。值得注意的是，斯宾诺莎所说的后一种情况实际上指出了对认识对象进行概念分析的可能性，而这一分析恰恰是当代分析哲学的一个基本出发点。

根据以上所述，斯宾诺莎概括了不能虚构的几种情况，以此将真观念与"虚构的观念"区分开来：首先，对于属于永恒真理的东西不能虚构，譬如神的存在及其性质，我自己的存在，以及有明显矛盾的东西；其次，对于非永恒真理的东西，如果清楚知道其存在和本质，则不能虚构；再次，对于极简单的、能够清楚认识的东西，不能虚构；最后，对于复合体的各简单部分不能虚构。而毫无疑问，真观念必定属于不能虚构的观念之列。

关于"错误的观念"

斯宾诺莎认为，同"虚构的观念"一样，"错误的观念"也是由于人的认识的片面性和混淆造成的，这方面两者并无根本区别。它们的区别只在于：前者没有经过理智思考的认可，后者虽然经过理智思考的认可，却仍然不知其错误的原因。斯宾诺莎用"做梦"的比喻来说明两者之间的区别："虚构的观念"就像睡觉时做梦，虽然梦境的原因在梦中并未出现，但我们醒来后却可以推断那些梦境不是由外界事物引起的，因而是无实在根据的；而"错误的观念"则像是醒着的时候做梦，虽然同"虚构的观念"的情形一样，梦境的原因同样没有呈现出来，但这时我们是清醒的，并且经过理智的思考，却仍无法断定这梦境不是由外界事物引起的，因而造成了错误。用斯宾诺莎的话说，"虚构的观念"是未经过理智"同意"的，"错误的观念"则意味着得到理智的"同意"（assent）。

不论"错误的观念"与"虚构的观念"有何异同，也不论斯宾诺莎对它们的解释是否合理，两者都未能真实表现事物的存在和本质。斯宾诺莎认为，既然"错误的观念"同"虚构的观念"一样，都是由人的认识的片面性和混淆造成的，所以纠正"错误的观念"的方法也与纠正"虚构的观念"的方法相同。他强调，简单的观念是清楚、明白的，由简单观念推出的复杂观念也是清楚明白的，而"清楚、明白的观念是不可能错的"。

在论述"错误的观念"时，斯宾诺莎阐述了这样一个思想，即真观念（真观念与真理是一回事）与错误观念的区分不仅在于其外在的关系，更在于其的内在的特征。如果一位建筑师心中有一座建筑物的正确观念，即使这座建筑物从来没有存在过，将来也不会存在，他的观念仍然是真的。也就是说，在观念自身中就有决定其是否为真的东西，它可以作为区分真假的标准，同时又不依赖于是否有相应的外界事物。那么，这个"标准"是什么呢？斯宾诺莎认为是一个思想体系中各思想或观念之间的逻辑连贯性。譬如，我们从一个真观念按照逻辑规则正确地推出其他许多观念，这些观念以及与真观念之间的关系是连贯的，因此这些观念也都是真的。这些观念的真不是根据它们是否与外界事物相符来确定的，而是根据这些观念之间的连贯性来确定的。斯宾诺莎举了一个例子：要形成一个球体的观念，我们可以设想一个半圆形围绕它的中心旋转，它的轨迹就形成了一个球体。尽管在自然界中没有任何球体是这样形成的，也就是说没有任何对象与球体这样形成的观念相符合，但这个观念仍然是真的。这个观念之所以真，取决于半圆形、它的旋转运动、旋转所形成的形状等思想之间的连贯性。如果我们抛开这种连贯性，孤立地考虑这些思想因素，譬如只考虑半圆形的旋转运动，那么这个观念就是错误的，因为运动并不包含在半圆形的概念之中。总之，通过连贯的思想活动，人可以获得清楚、明白的真观念，这样的真观念完全可以作为真理的标准。

在西方哲学中，这种以思想的连贯性为标准的真理观被称作真理"融贯论"。这里的"融贯"是指思想（往往用命题或信念来表示）之间的连贯、相容、互相依赖。真理"融贯论"是针对真理"符合论"不能充分解释"符合"的含义等缺陷提出来的，它将真理的标准完全设定在思想的"融贯性"上，因此特别为强调理智能力至上的理性主义哲学家所赞成。斯宾诺莎就是"融贯论"的坚定倡导者之一。

不过，如前面所说，斯宾诺莎一直强调真观念之"真"就在于它与其对象（事物）相符合。那么，他这里又说真理在于思想的连贯性，对此应如何理解呢？实际上，斯宾诺莎对这两种真理观都是承认的，他的高明之处在于，他未将两种观点对立起来，或互相排斥，而是认为两者根据不同的情形说明了相同的原理。首先，真观念必须与其对象相符合，这是其真理性的客观基础，也决定了斯宾诺莎真理观的唯物主义性质。其次，思想的连贯性，即融贯论的真理观，是以与对象的符合为标准的：由思想连贯形成的真理必定符合对象的本质。与符合论不同的是，融贯论还强调了人的理智主动性的一面，它表明，人的理智不是完全被动地与对象相符合，而是有自己的创造能力，只要按照正确的规则行事，同样可以形成与对象相符合的正确思想，用斯宾诺莎的话说就是："将所有的观念按照那样一种方式联系和排列，使心灵可以在思想中尽可能地再现自然的实在性。"两种方式形成的都是真理，关键是从哪个角度看。如果从对象的角度看，与对象相符合的观念是真理；如果从思想的角度看，融贯的思想是真理。重要的是，不论从哪个角度看，两者都表现了自然的本质。

关于"可疑的观念"

由上述可知，"虚构的观念"和"错误的观念"都是由于对观念辨别不清产生的，它们是对观念的错误断定。而"可疑的观念"不同，它虽然也是由于观念的不清楚、不明白而产生的，但它的表现是使人无法作出明确判断，是对判断的"悬置"。斯宾诺莎说："所谓怀疑不是别的，只是对于事物的肯定与否定的悬置。"如何去除"可疑的观念"，根本的办法是使观念清楚、明白起来。一旦不清楚、不明白的观念清楚、明白起来，怀疑也就消失了。

要注意的是，根据这个道理，斯宾诺莎反驳了笛卡儿关于"骗人的上帝"的假设。笛卡儿为了用普遍怀疑的方法找到绝对不能怀疑的"第一原理"，曾假设有一个"骗人的上帝"，他能使人将最确实的东西弄错，以此证明人对一切事物都应当怀疑。斯宾诺莎认为，这个假设只有当我们对上帝缺乏清楚、明白的知识时才有可能，只要我们对上帝有了清楚、明白的知识，就会知道，上帝是不会骗人的，因而消除了对上帝的怀疑。而在斯宾诺莎看来，我们无疑是具有清楚、明白知识的，譬如关于三角形的知识，这说明是否有"骗人的上帝"对于获得清楚、明白的知识并不必要。这个道理也可用于对上帝的认识，也就是说，我们不必知道是否有一个"骗人的上帝"，也可以获得关于上帝的清楚、明白的知识。如果我们有了这样的知识，难道我们还会怀疑上帝的性质，把他想成一个"骗子"吗？

在弄清了真观念与"虚构的观念""错误的观念""可疑的观念"的区别后，斯宾诺莎概括了真观念的如下特点：真观念是清楚、明白的，不容许任何怀疑，总之是确实的；"真观念是简单的，或是由简单的观念构成的"；"真观念表明了某个事物怎样和为什么是它实际那个样子"；"真观念在心灵中的结果与其对象特有的实在性相符合"。斯宾诺莎特别强调，这最后一点与古代哲学家将因果推理知识看作"真正的科学"的观点相同，只是古人没有看到心灵是根据确定的规律活动的，它实际上是一个精神的自动机。

至此，斯宾诺莎阐明了他所说的"真方法"的第一部分。用他的话说就是："在我们的研究最初阶段所能达到的范围内，我们已经获得了关于我们的理智的知识，还获得了真观念的标准，使我们不再担心会将真观念与错误的观念或虚构的观念混淆起来。"

"真方法"的第二部分：程序和规则

在"真方法"的第二部分，斯宾诺莎主要说明什么是指导心灵按照真观念的标准进行正确推理的程序和规则。在这方面，斯宾诺莎与笛卡儿的观点发生了分歧。

作为崇尚自然科学的理性主义者，斯宾诺莎对数学方法的精确性推崇备至。在他看来，要使哲学成为真正的科学，其关键就是要引入数学的方法，按照数学的方式来改造哲学。他认为最理想的数学方法就是欧几里得几何学方法，因为它最鲜明地体现了数学方法的严密性和系统性。欧几里得是古希腊数学家，欧氏几何虽冠以他的名字，但其内容是古希腊人在长期的生活、生产实践中对图形的性质和特点进行思考的结果，只不过由欧几里得作了杰出的整理和概括。欧氏几何的主要方法是：首先给出一系列定义、公设和公理，然后以此为基础，通过严密的推理和证明，演绎出各种命题和定理，形成一个完整、融贯的知识体系。这个方法的优越性是很明显的：只要这个体系的初始成分（定义、公设、公理）是清楚的、不容置疑的，由此进行的推理是严格的、逻辑上无矛盾的，那么，由推理得出的结论就是必然正确的。

欧氏几何学为精密科学树立了一个样板，它所采用的演绎推理方法成为理性主义哲学家追求的目标。在这方面，斯宾诺莎是笛卡儿的追随者。不过，在如何具体运用几何学方法的问题上，两人的看法不尽相同。笛卡儿认为，几何学方法的精髓在于严格的演绎推理，对此可以从"次序"和"证明的方式"两个方面来理解。笛卡儿所说的"次序"是指推理过程中前提和结果之间的逻辑关系，即前提在前，结果在后：前提不需要结果的帮助而得知，结果只能根据前提的证明而得到。笛卡儿强调推理的逻辑"次序"，主要是为了反对缺乏逻辑融贯性的经验归纳方法。在这一点上，斯宾诺莎与笛卡儿的观点并无二致。可是，在说到具体的"证明方式"时，两人的分歧就出现了。

按笛卡儿所说，"证明方式"可以分为两种，一种是分析的方法，一种是综合的方法。分析的方法是指在进行证明时，从一件具体的事物出发，根据正确的证明规则，推出其结果，然后再从这个结果出发推出新的结果，如此循进，形成推理的链条，直至得出最终的结论。综合的方法与分析的方法相反，它是从普遍的大前提出发，运用一系列定义、公设、公理和命题，通过恰当的证明引出结论，而这些结论的真理性已经包含在前提之中。可以看出，至少从形式上，综合的方法与欧氏几何的方法更一致。笛卡儿不反对两种方法的可行性，但他认为，对于哲学研究来说，分析的方法优于综合的方法。他提出的理由是：分析的方法是从与感觉相适合的个别事物出发的，容易为人们所熟悉和接受；而且分析的方法展现了完整的推理链条，人们只要逐一保证链条各环节的准确无误，就可以得出必然的结论。与此不同，综合的方法是从一些普遍的前提（用定义、公理等来规定）出发的，这些前提往往与人们通过感官熟悉的东西很不相同，因此不易理解，这就造成了人们即使接受由这种方法推出的结论，却仍然会对其前提不甚了了。笛卡儿因而断言说，综合的方法不适于研究最普遍的形而上学问题。

斯宾诺莎的观点与笛卡儿截然相反。他认为，哲学研究的方法应当是综合的而不是分析的。在他看来，我们研究的事物可以分为两类，一类事物是自在的，它的存在和性质不依赖于任何别的原因，只以自己为原因，即所谓的"自在之物"；另一类事物则不同，其存在和性质不能由自己决定，而要依赖于别的原因，即所谓"被造之物"。因此，对前一类事物必须直接从它的本质上去认识，对后一类事物则必须从引起它的最近的原因（最近因）去认识，即间接地认识其本质。不论从哪个方面去认识，认识的目的都是为了获得关于事物的真观念。而就真观念的性质而言，它绝不会是事物对身体的偶然刺激引起的，它是必然的，必定是纯粹出自于心灵的东西。根据前面所说，人心只要以真观念为标准，将由此引出的各个观念按照正确的规则联系起来，就可以在思想中"再现"自然。对于这样一种认识路径，显然不能以个别事物的某个具体性质为起点，更不能以不确定的感觉为起点，而只能从一个阐明事物本质的概括思想开始，不论这个事物是"自在之物"，还是"被造之物"。这个概括的思想就是"定义"（definition）。因此，斯宾诺莎说："发现的正确途径就在于依据某个既定的定义而形成我们的思想。对于一物的定义愈好，则思想的进展就愈有成果，愈容易。"

斯宾诺莎这里所采用的方法就是综合的方法，我们也可以称作"定义的方法"。斯宾诺莎不但在原则上拥护这种方法，而且是这种方法的最忠实的践行者。尤其在其主要著作《伦理学》中，他套用了欧氏几何学定义、公设、公理、命题、证明的全部论证形式，将几何学方法的应用推向了极致，使之成为西方哲学史上用几何学方法阐述哲学问题的最经典之作。

于是，在斯宾诺莎认识方法的第二部分中，"定义"的问题突显出来，成为论述的焦点。他明确说："方法的整个第二部分的关键就在于知道良好的定义应有的条件，并且知道寻求良好定义的方式和步骤。"定义有好坏之分，完善和不完善之分。好的、完善的定义可以成为推理的可靠根据，坏的、不完善的定义只能引出错误的结论。那么，什么是好的、完善的定义呢？斯宾诺莎认为好的、完善的定义必须能阐明事物最内在的"本质"（essence）。斯宾诺莎关于"定义"能够阐明事物本质的思想不但是受几何学的启发，也是受古代哲学的影响。在古代哲学中，"定义"的本来意思是用一种表述去澄清另一种表述的意义，因而柏拉图、亚里士多德等人认为，"定义"可以揭示事物的本质。斯宾诺莎显然接受了古代哲学家关于"定义"的本质确定性的思想。

读者应记得，在谈到知识的分类时，斯宾诺莎提出只有直观的方法能认识事物的"本质"；在谈到真观念与对象的符合时，提出真观念表明事物的"本质"。现在，在谈到定义的作用时，他又提出定义必须能阐明事物的"本质"。由此可见，把握事物的"本质"，是贯穿斯宾诺莎方法论的一个根本要求。在他看来，把握了事物的"本质"，也就把握了真理，在此基础上就可以推论出全部真知识。不过，以上所说，还不能使我们确切知道斯宾诺莎所说的"本质"究竟指什么。为此，我们还需要作进一步的说明。斯宾诺莎认为，事物的"本质"就是一事物之所以是该事物，该事物之所以能够存在，它的存在之所以能够被理解的根本依据。他说："一物的本质是这样一个东西：当我们承认它时，该物必然被认定；当我们取消它时，该物必然被取消。也就是说，没有它，该物既不能存在也不能被构想；反之，没有该物，它也既不能存在也不能被构想。"

要注意的是，事物的"本质"不同于事物的个别"性质"（property）。事物的个别"性质"不是该事物存在的根本依据，而且可以从"本质"中推导出来。斯宾诺莎举例说，如果将圆形说成是一个由中心到周边连接的一切直线都相等的图形，那么，这只是描述了圆形的"半径皆相等"的个别"性质"，而不是圆形的"本质"。如果要从"本质"上为圆形下"定义"，就应该说：圆形是以任何一根一端固定，另一端围绕固定端转动的线段所作出的图形。斯宾诺莎认为，很明显，圆形的"半径皆相等"的"性质"是包含在这个"本质"定义之中的，完全可以从中推导出来。在他看来，之所以说这个"定义"表明了事物的"本质"，还因为它符合对事物"本质"认识的两个要求：首先，根据前面所说对"被造之物"认识的特点，圆形作为一个"被造之物"，它的"本质"是从这个图形的"最近因"（这里就是用线段作出圆形的活动）推出来的；其次，由此得出的知识符合自然事物的实际情况，因为自然界中的圆形就是这样作出来的，而我们的目的正在于使我们的思想"再现"自然。

即使采用"定义"的综合方法来认识事物，但面对成千上万的不同事物，应当从何入手呢？这里必须有一个孰先孰后的认识"次序"。虽然斯宾诺莎赞成笛卡儿关于推理应当遵循逻辑"次序"的观点，但他反对笛卡儿的分析方法将感觉的对象作为推理的前提或起点，认为这样做弄错了"哲学思考的次序"。他指出，不论就事物的次序还是就思想的次序来说，在先的东西不是感觉的对象，而是作为万物原因的"神"。他说："没有神就没有东西可以存在，也没有东西可以被理解……神是万物本质及万物存在的唯一原因。"由此他断言，正确的认识"次序"应当是首先认识神，然后由对神的认识出发，通过正确无误的推理，进而认识万物的本质和联系，这是人在思想中"再现"自然的唯一正确的途径。在这里，斯宾诺莎不但否定了笛卡儿的认识"次序"，而且也将经验主义者从感觉出发的认识路线取消了。

笛卡儿说，综合的方法不适于研究形而上学问题，斯宾诺莎则反其道而行之，偏偏将形而上学的主要论题之一"神"作为研究的起点。他在《神、人及其幸福简论》和《伦理学》这两部完整的哲学著作中都采用了这个论证"次序"，两者的开篇题目都是"论神"。那么，对于神，斯宾诺莎说了什么呢？他又是如何由此逐一展开他的全部形而上学论述的呢？下面，我们就一一加以说明。

第 3 章

实体、神、自然

　　在介绍斯宾诺莎的观点之前，有必要做一个提示，即斯宾诺莎所说的"神"既不是宗教中主宰万物的神明，也不是神学中超越的存在概念，而是哲学中最高的形而上学范畴"实体"，万事万物无所不包的"自然"。也就是说，在斯宾诺莎那里，"神""实体""自然"是一回事。斯宾诺莎的形而上学的一个主要目的就是论证三者的统一。了解了这一点，我们在理解斯宾诺莎的观点时，就可以将"实体""神""自然"作为同一个论题来考虑了。而且在他的实际论述中，"实体""神"和"自然"经常是同时出现或交错出现的，并没有作非此即彼的区分，而且也没有必要作那样的区分。也许读者会进一步问，既然斯宾诺莎将"实体""神"和"自然"看成是一回事，他为什么不冠以同一个名称一并讨论，反倒时而说"实体"，时而说"神"，时而说"自然"呢？这岂不是多此一举，又易造成混乱？究其原因，我们可以这样来理解：尽管在斯宾诺莎的学说中"实体""神""自然"是一回事，但也不容否认，这三个概念所依赖的知识背景和范畴系统是有所区别、有所侧重的。换言之，"实体"主要是哲学中的范畴，"神"主要是神学中的范畴，"自然"主要是自然知识体系中的范畴。因此，为了更有针对性地阐明三者的原理（尽管它们在原则上是一回事），斯宾诺莎根据三者各自相关的论域和语境分别进行阐述，同时注意它们之间的联系。这不失为一个全面而有效的办法。

由于"实体"概念更具有哲学的普遍性和深刻性，所以斯宾诺莎非常重视从"实体"入手阐明他的观点。于是，我们看到，虽然《伦理学》第一部分的题目是"论神"，可是，从开篇的定义、公理开始，直到命题十，他主要谈的是实体，只是从命题十一开始，才直接谈论神。不论怎样，让我们按照《伦理学》中"实体""神""自然"的大致顺序，看一看他到底说了些什么。

一、实体

"实体"（substance）是西方哲学中的一个古老概念，与"存在"问题密切相关。亚里士多德最先采用这个词，用来指事物最根本的存在或"终极实在"，即事物的其他一切存在的本原。根据存在的不同性质和关系，亚里士多德将"实体"一词用于多种含义。在《范畴篇》中，一种用法是指可感的个别事物，譬如"张三"这个人，并称之为"第一实体"；另一个用法是指包含第一实体的"种"和"属"，譬如，张三这个人包含在"人"这个"种"中，"人"这个"种"又包含在"动物"这个"属"中，于是，"人"和"动物"也是实体，被称作"第二实体"。在《形而上学》中，亚里士多德又根据"形式"和"质料"的关系，把"形式"或"本质"说成是实体。此外，他还有别的一些说法。总之，在亚里士多德那里，实体是依自身而独立存在的东西，是事物的其他属性存在的根据和本质。既然个别事物都是实体，所以实体是"多"，而不是

"一"。于是，亚里士多德将实体分成等级，认为最高的实体是神，是万物运动的第一推动者。

亚里士多德用"实体"将事物的存在、属性、本质、实现等概念统一起来，使原来比较分散的论题集中在"实体"这一基本概念上，有助于阐明世界及人类认识的统一性，推进了哲学研究的深入，这是亚里士多德的功绩。而这种对统一性的追求，也成为哲学发展的一个重要方向，尤其在形而上学方面。从斯宾诺莎的著作中可以看出，他是深谙亚里士多德实体理论精髓的，不过，对他有直接影响的是笛卡儿。在实体观上，笛卡儿将亚里士多德的众多实体缩减为三个，即心灵、物质和神。神是最高实体，是心灵和物质的创造者。但在实体是"依自身而独立存在"的意义上，笛卡儿的观点是有矛盾的：因为既然心灵和物质是神创造的，它们就不应当是"依自身而独立存在的"，因而也不应是实体，尽管他也说，神创造了心灵和物质之后就放手不管了，让它们按照自己的规律运动。斯宾诺莎看到了笛卡儿观点中的这个矛盾。在他看来，实体既然是"依自身而独立存在的"东西，就不能有任何其他实体性的东西为它所依赖，因而实体只能有一个，它是万物存在和性质的唯一本原。正根据这个观点，斯宾诺莎被认为是实体观上的一元论者。

那么，关于实体，斯宾诺莎具体是怎么说的呢？

根据"定义的方法"，斯宾诺莎给实体下了一个定义："实体是在其自身内并通过其自身而被构想的东西；即形成实体的概念无须借助他物的概念。"显然，这个定义并没有直接说实体是什么，而是从认识的角度，即从如何构想和形成实体概念的角度来给实体下定义。它说明，实体是这样一个东西，对它的理解不需要依靠任何别的思想源泉或借助任何别的存在物，只要根据它本身的内在性质，就可以对它作出说明。如果对实体的说明需要借助别的事物，就意味着实体不是本原的、决定其他一切存在的东西，它受到其他事物的制约和限制。而这不符合斯宾诺莎的本意。我们还要特别注意，这个定义中所说的"构想"不是指随意的想象或幻想，而是指"理智"的活动，即按照斯宾诺莎关于真观念（真理）的标准，对事物进行合乎逻辑的（无矛盾的）、清楚、明白的思考，从而保证知识的真实、有效性。在这方面，实体"在其自身内并通过其自身而被构想"还意味着：关于实体的知识必定是完全自足的，除了纯粹理智的活动外，不需要借助任何其他的知识来源，尤其是关于个别事物的经验知识。总之，斯宾诺莎的定义为他全面阐述他的实体观设定了关键的前提，也符合他关于从认识入手来发现事物本质的理论要求，同时也避免了不考虑认识过程和证明程序就为事物性质下定论的独断做法。

斯宾诺莎进而证明了实体的如下性质：

实体是自因的（self-caused）。这里"自因"一词的意思是"自己是自己的原因"，"自己是由自己引起的"。根据斯宾诺莎的定义，"自因的东西是指它的本质即包含存在，或者它的本性只能被构想为存在的。"这是实体的首要性质。之所以说它是首要的，是因为它确定了实体的存在，如果实体不存在，实体的一切性质都无从谈起。为什么要用"原因"（自因）来说明"存在"？这是因为，在西方的传统观点中，一物存在必须有其存在的原因，没有原因的存在是不可能的。同样，实体之存在也必须有一个原因。可是，如果用别的事物作为实体存在的原因，那就意味着实体不是本原的、决定其他一切存在的东西，而是被他物引起的，依赖于他物而存在。这不符合斯宾诺莎的本意。既然实体不以他物为自己存在的原因，那么，它只能是被它自己引起的，它以自己为自己存在的原因，即自因，除此以外没有别的选择。所以，斯宾诺莎在《伦理学》第一部分的命题七的证明中说："实体不能为任何别的东西所产生，所以它必定是自因的，也就是说，它的本质必然包含存在，即存在属于它的本性。"

在西方的传统思想中，说到万物的存在，总要为它找一个终极的原因或"第一因"，并最后将它归结为神，认为神是万物的创造者，万物根据神的安排或预先设计而运动。如果我们将斯宾诺莎关于实体是自因的观点用于理解自然万物的存在和运动（注意，前面我们已经提示到，斯宾诺莎认为实体和自然是一回事），那就意味着，自然万物的存在和运动是由它们自己本身的因果关联或相互作用决定的，与任何外在的神秘力量没有关系，包括所谓"超自然"的神。在当时以"神创论"为最高权威的自然观中，这个思想无疑具有振聋发聩的影响力，它的革命意义不但表现在它对宗教神学的反叛上，而且表现在它对辩证法的天才构想上，因为它是从事物的普遍联系和相互作用来理解世界的，而这正是辩证法的精髓之一。恩格斯对斯宾诺莎的"自因说"给予了高度评价。他指出，在理解物质世界的运动时，"相互作用"是事物的真正的终极原因，只有从这个普遍的相互作用出发，我们才能了解现实的因果关系，除此以外，没有别的东西需要认识；而斯宾诺莎关于"实体是自身的原因"的观点恰恰"把相互作用明显地表现出来了"。

实体是唯一的，"宇宙间只有一个实体存在"。根据这个性质，斯宾诺莎推翻了亚里士多德和笛卡儿关于有多个实体的论断，将实体的数量由"多"变为"一"，实现了世界在实体基础上的统一性。

从斯宾诺莎的论证看，他对实体唯一性的证明并不容易。

他采用的是反证法，即通过证明多个实体的不可能，间接证明只有一个实体存在。他是这样证明的：假定有多个实体，那么，它们就是可以区分开的，如果不能区分开，就说明没有多个实体，只有一个实体。而要将它们区分开，只能根据它们的属性，看它们的属性有何不同。可是，实体是自因的，自己对自己的存在和属性负责，根据实体的定义，"形成实体的概念无须借助他物的概念"，因此，即使假定有属性各异的多个实体，它们也是互不相干的，对于互不相干的东西，我们无法根据其中任何一个的属性来将它们区分开。如果不能根据实体的属性不同将各个实体区分开，那么，假定各个实体有相同的属性，是否能将它们区分开呢？也不能。因为这里所谓的"相同"不是"相似"，而是完全一样，没有丝毫差别，而这样具有完全相同属性的实体是无法区分开的。根据上述，既然不论根据不同的属性还是根据相同的属性，都不能区分出多个实体，那么由此可证，实体只有一个。实体是"一"，不是"多"。

此外，斯宾诺莎还证明"具有同一本性的实体只能有一个"，我们将其证明程序简化如下：

1. 根据实体的定义，实体是在其自身内并通过其自身而被构想的，形成实体的概念无须借助他物的概念；

2. 因此，我们可以通过实体自身构想它的存在，也即得到关于实体的真观念；

3. 真观念是清楚、明白的，如果有了实体的真观念，却又怀疑实体的存在，那是荒谬的，正如自称有了真观念又说此观念为假是同样荒谬的一样；因此必须承认实体是存在的，这是它的本性；

4. 定义只用于说明事物的本性，不涉及其他内容；实体的定义说明了实体的"存在"这个本性，却没有涉及实体的"数量"；正如三角形的定义只说明三角形的本性而不说明三角形的"数量"一样；

5. 假定有多个实体存在，那么，这些实体必定有其各自存在的原因，也即要说明各实体的存在，必须对"多个原因"作出说明；

6. 然而，实体的定义不包含对"多个原因"的说明，因为由 4 可知，实体的定义不涉及"数量"；

7. 于是，得出结论：从实体的定义中推不出"本性相同"的"多个"实体的存在。

总之，通过上述证明，斯宾诺莎断言，既然不论属性相同还是属性不同的多个实体是不可能的，本性相同的多个实体也是不可能的，那么，结论只能是：实体只有一个，实体具有唯一性。

实体是无限的。实体的这个性质表明实体是无所不包的，其外别无他物。这个性质的重要性在于，它排除了其他任何东西及其性质存在的可能性，从而进一步确定了世界在实体基础上的统一性。

斯宾诺莎认为，实体的无限性可以从实体的唯一性推出来，其推理过程是：实体的存在有有限和无限两种可能；如果说它是有限的，它必定为具有相同性质的另一个实体所限制，这样就会有两个具有相同性质的实体；而根据实体的唯一性特点，这是不可能的；因此实体必然是无限的。

为了说明这种无限的性质，斯宾诺莎还区分了"自类有限"（finite in its own kind）和"自类无限"（infinite in its kind）两个概念。自类有限的东西是指除它之外还有同样性质的其他东西存在，并为这其他东西所限制；自类无限是相对于自类有限而言的，自类无限的东西具有无限多同样性质的属性。斯宾诺莎认为，实体的无限性不是自类无限的，因为如果实体只具有无限多同样性质的属性（自类无限），那么，我们仍然可以否认它具有无限多的属性（譬如，它可能不具有"非"同样性质的属性）。他断言，实体的无限性必定是"绝对无限的"（absolute infinite），即任何东西都包含在它之内，都表现了它的本质，不存在任何对它的本质的"否定"。

实体是不可分的。 这个性质可以从实体的无限性推出：假如实体可分，那么它分出的部分可能有两种情况，一是保留原来实体的一切性质，二是失去原来实体的部分性质。如果是前一种情况，就意味着有多个性质相同的实体，根据对实体无限性的论证，这是荒谬的；如果是后一种情况，就意味着实体不是绝对无限的，因为它失去了一部分性质，这也是荒谬的。这个道理简单说就是："实体的本性只能构想为无限的，而实体的一部分只能理解为有限的实体，后者显然包含着矛盾。"于是，斯宾诺莎得出结论："绝对无限的实体是不可分的。"实体的不可分性进一步排除了其他实体存在的可能性，是对实体的一元性和完整统一性的辅助论证。

实体是永恒的。 这个性质可以从实体的存在本性中推出。实体必然存在，这是它的本质使然，而本性包含存在的东西是永恒的。而且，实体的存在不是有限的，而是无限的，"无限的存在我们称之为永恒"。实体的永恒性也可以从真理概念中推出：因为我们将实体的存在和本性认作"永恒的"真理，而能够被设想为"永恒真理"的存在本身，也必定是永恒的。

实体的这个性质具有重要的哲学意义，因为它涉及到对"时间"的理解。而众所周知，"时间"已经成为当代西方哲学中一个争论不休的重要概念。那么，什么是"时间"呢？斯宾诺莎认为时间是对事物的"持续存在"的量度。事物的持续存在是事物的属性，表现了事物的存在状态，斯宾诺莎将其称作"绵延"（duration）。事物的绵延可大可小（可长可短），譬如，父亲与其儿子都活在世上，两人的绵延显然不同，父亲的绵延就要比儿子的绵延长些。由此可见，绵延所表现的事物存在状态是偶然的，只为个别的事物所拥有，它不是永恒实体的属性。对不同事物的绵延作比较，就要用到时间。如果用钟表的量度来表示，可以是"小时""分钟""秒"；如果用绵延的相对关系来表示，可以是"过去""现在"和"将来"。于是，斯宾诺莎认为，时间与绵延不同，它不是事物的存在状态，而是用来说明绵延的"思想样式"（mode of thinking），即一种想象方式；而这种从时间的角度（比方说，"过去""现在""将来"）来说明事物的"思想样式"，只能将事物看成是偶然的，是依时间而变的，不能表明事物的本质，也不能用来思考实体的永恒性。所以他说："永恒不能用时间来定义，或者说，永恒与时间没有任何关系。"既然时间与永恒的事物没有关系，斯宾诺莎就将时间从理性思辨的领域中排除了，因为"理性的本性不在于将事物认作是偶然的，而在于将事物认作是必然的"，"在于根据永恒性来考察事物"。斯宾诺莎对时间的"轻视"是由于他坚持从世界的整体结构来阐释存在论决定的，这一倾向直到德国哲学家海德格尔将人的生存理解为基本存在论的主题、突出强调人的存在的时间性维度，才有了明显的改观。

二、神

斯宾诺莎将神与实体等同，实体的性质也就是神的性质。

因此，当我们知道了他关于实体的观点，再来看他关于神的论述，尽管涉及许多神学概念，也容易理解多了。

在《伦理学》中，斯宾诺莎将神定义为："神是绝对无限的存在，即，神是具有无限属性的实体，其中每一个属性都表示永恒无限的本质。"

他认为神有如下性质：

1. 神是必然存在的；

2. 神是唯一的；

3. 神只是根据它自己的本性的必然性而存在和活动；

4. 神是万物的自由因；

5. 万物都在神之内，都依靠神，没有神万物都不能存在，也不能被构想；

6. 万物都预先被神所决定。

如果根据上一节关于实体的性质的论述，神的这些性质都不难理解，或者可以比较容易地引申出来。不过，这里还是涉及一些与宗教神学有特殊关系的论题，需要作进一步的展开和说明。

关于神的存在的证明

神是最重要的宗教观念之一，是超自然的至上力量的代表者，任何成熟的宗教都把神作为其信仰和活动的最终根据。由此不难理解，在西方的宗教理论中，证明神的存在是最重要的核心论题。虽然按照斯宾诺莎的构想，证明了实体的存在，也就证明了神的存在，但他也意识到，从宗教神学的观点看，仅仅做到这一点是不够的，他还必须根据宗教神学的理路来作出证明。

斯宾诺莎提出了关于神的存在的两个证明，即"先天的"

证明和"后天的"证明。

"先天的"（a priori）的原意是"根据在前的东西"；"后天的"（a posteriori）原意是"根据在后的东西"。两个术语都来自经院哲学，其源头可追溯到亚里士多德，并与因果论证相联系："先天的"论证指由原因到结果的论证；"后天的"论证指由结果到原因的论证。后来这两个术语的用法被扩大了，但始终与知识的问题有关，其中最通常的用法是与经验联系起来："先天的"是指不依赖于经验的，"后天的"是指依赖于经验的。经院哲学在证明神的存在的时候按照基本同样的意思区分了"先天的"和"后天的"两种证明方式，前者指仅仅通过对神的概念本身的分析作出的证明，有时也被称作"本体论的证明"；后者指根据神的概念之外的经验事实所作出的证明，当它所根据的是周围世界的特性时，也被称作"宇宙论的证明"。斯宾诺莎依照经院哲学的用法，从"先天"和"后天"两个方面证明神的存在。

"先天的证明"一：

1. 凡是我们清楚、明白知道属于某物性质的东西，我们就可以实际肯定它是属于这个事物的；

2. 我们可以清楚、明白地知道，存在属于神的性质；

3. 所以，神存在。

"先天的证明"二：

1. 事物的本质是永恒就有的，而且将永恒不变；

2. 神的存在是神的本质；

3. 所以，神存在。

"先天的证明"三：

1. 事物的存在取决于它所具有的完满性；事物的完满性肯定事物的存在，事物的不完满性否定事物的存在；

2. 事物的完满性不是事物本身具有的，就是靠外因得来的；

3. 神的完满性出自于神的本性，不是靠外因得来的；

4. 神的本质排除了一切不完满性，包含了绝对的完满性；

5. 所以，神必然存在。

可以看出，斯宾诺莎的"先天的证明"完全是在概念的范围内兜圈子，没有任何客观实在的根据。如果说有根据，也只是直觉的明晰性，即他所谓的"清楚、明白"。同思想史上关于神存在的其他"先天的证明"一样，斯宾诺莎的证明实际上是一种"同语反复"，并无客观实际的效力。其中的第三个证明几乎与笛卡儿的证明是一样的，由此可见笛卡儿对斯宾诺莎的影响。

"后天的证明"与"先天的证明"不一样，它需要以某个经验事实为依据。下面是斯宾诺莎提出的证明之一：

1. 不能够存在就是无力，能够存在就是有力；

2. 如果现在必然存在的东西是有限物，那无异于说，有限物比无限物更有力，而这显然是荒谬的；

3. 因此，要么无物存在，要么有一个绝对无限的东西存在；

4. 而我们是确实存在的；

5. 我们不是存在于我们自身内，就是存在于某个必然存在的东西内；

6. 我们是有限物，不是存在于我们自身内；

7. 所以，绝对无限的东西必然存在，它就是神。

这个证明看起来很复杂，实际上是一个经验论证：即根据人这个有限能力者存在的经验事实，推出必然有神这个无限能力者的存在。经验论证的特点在于，它的结论不能超出经验的范围，如果超出经验的范围进行概括，所得出的结论只能是或然的、个别的，而不是必然的、普遍的。也就是说，它至多是一种猜测，而不是事实。所以，斯宾诺莎关于上帝必然存在的"后天证明"是无效的。

斯宾诺莎认为，不论是"先天的证明"还是"后天的证明"，都能够证明神的存在，但由于前者是根据神自身的原因作出的证明，后者是借助神之外的其他原因作出的证明，所以，前者比后者更完善、更可取。

神与人不相似

斯宾诺莎认为，神的存在是必然的、唯一的、无限的，它是万物存在的原因，它与作为被造物的人类的性质根本不同，因此，试图用人的性质去理解神，或将神比拟成人，都是荒谬的。神的人格化，是基督教神学的一个基本教义，有其教理发展的根据，其主要目的是赋予威严而超然的神以与人相似的性质和情感，使人与之亲近，更容易为人所接受和信仰。在《圣经》的描述中，耶稣就是取人的肉身（道成肉身）来到人间，拯救世人的。而这样的教义，在斯宾诺莎看来，是与神的性质格格不入的。

斯宾诺莎否认神的人格化，尤其否认神像人一样具有理智和意志。他认为，主张神有理智和意志的人为了证明神的万能，断言神并不将它的所有能力表现出来，而是有所保留，使得它能不断地进行创造，以显示它的无限创造力。斯宾诺莎认为，这种观点的错误就在于，它否认了神的万能是永恒的、现实的。按照这种观点，就无异于说，对于神已经确定了的事物的存在和性质，譬如"三角形的三个内角等于两个直角的性质"，神也可以任意加以改变。而这显然是荒谬的。斯宾诺莎指出，万事万物都出自于神的力量和必然性，神在此所表现出的万能不是断续的、有保留的，而是"永恒的""现实的"，它已经创造了无限属于它的一切东西。否认这种"永恒性"和"现实性"，就是否认了神的全能和完善。

斯宾诺莎反对神与人相似，其目的是维护神与实体、自然的一致性。在他看来，神、实体和自然是依据其本性的必然性和规则性而存在和活动的，如果神像人一样具有理智、意志和情感，那就意味着神可以受情感的支配，随心所欲地滥用自己的智慧和意志，从而破坏了世界的必然性和规则性。而这种情况的出现，不但使认识事物规律性的自然科学成为不可能，也为迷信的产生创造了条件，因为迷信正是由于人们不了解自然规律，对一些自然现象不能作出合理的解释才大行其道。

神是自由因：万物皆必然

由神的本质可知，万物都在神内，神之外没有任何其他事物存在，而且万物都遵循神的本质的必然性，都依照神的无限本性的法则而运行。这也就是说，神是自己决定自己，按照自己的必然法则而行动的，没有任何别的东西能强迫它、驱使它，神在本质上是自由的。因此，神不但是万物的存在和活动的"第一因"和"动力因"，而且是它自身存在和活动的"内因"和"自由因"。要注意的是，不能将这里所说的"自由因"理解为神将自由赋予万物，成为万物自由的原因，而是指在"自因"的意义上，神自己决定自己的存在和本质，因此具有完全的自由。那么，万物是否有自由呢？斯宾诺莎对此的回答是否定的。因为除了神是自因的以外，其他一切事物的存在和性质都是由别的原因决定的，最终是由神这个"第一因"决定的，所以这些事物不可能是自由的。而且，神由其本性所决定，它一定是必然的东西，不是偶然的东西，而万物皆存在于神内，都根据神的必然性所决定的方式活动，所以，万物也一定是必然的，"自然中没有任何偶然的东西"。如果有人觉得自己明显可以按照自己的意志活动，做自己想做的事情，因此是自由的，那也是无知或误解。因为既然人的存在和活动均出自于神的必然性，他的任何所作所为也必定为神所决定，只不过由于知识的缺乏，他对此不了解罢了。斯宾诺莎进而否认人们通常所说的表示"意愿"的个人意志，他认为，所谓的个人意志不是指人想做某事或不想做某事的"意愿"，而是指心灵对一件事作出肯定或否定的能力，比方说，对几何命题"三角形三个内角之和等于两个直角"作出肯定或否定的能力。然而，对这个命题的肯定或否定早已由"三角性"这个观念的本质所确定了，这里根本没有个人"意愿"起作用的余地。斯宾诺莎还指出，不仅事物的存在和活动是必然的，而且人的观念也都是必然的。因为一切观念归根结底出自于神的必然性，在这个意义上，它们都是真观念，并无不恰当和错误之说。当我们说一个观念是不恰当的和错误的时候，只是就它与个别心灵相联系而言的。斯宾诺莎强调，理性的本性就在于把事物看作是必然的，而不是偶然的，人作为理性的动物，只能认识事物的必然性，并由此获得关于事物的真知识。

在西方哲学史上，斯宾诺莎的上述观点也被称作决定论（determinism），意即事物的发展变化服从于严格的必然性，是被完全决定了的。必然性和偶然性是反映事物之间联系和变化的一对范畴。必然性反映了事物的联系和变化中由本质因素所决定的趋向性和确定性，偶然性反映了事物的联系和变化中非本质因素所造成的非趋向性和不确定性。在事物的联系和变化的过程中，必然性和偶然性都是存在的：必然性决定着这一过程的总方向和总趋势，偶然性则对这一过程的细节和稳定性发生影响；必然性总是通过大量的偶然性表现出来的。斯宾诺莎完全否认偶然性，将事物的任何细小变化都看成是必然如此、不可改变的，他这样做的目的是确定事物发展变化的规律性，为自然科学奠定形而上学的基础，而促使他这样做的灵感恰恰来自于他所崇拜的数学。他说："如果人们清楚理解了自然的整个秩序，他们就会发现万物就像数学论证那样皆是必然的。"就为科学知识奠基而言，斯宾诺莎的决定论有其合理的一面，但它所蕴含的不合理性也是显而易见的。因为既然事物发展变化的一切结果都是被预先决定了的，那么，人就只能听天由命，他们无法、也没有必要去主动改造世界和创造自己的未来，这就为宗教宿命论敞开了大门。

三、自然

西方宗教神学将神看成是自然万物的创造者和主宰者，自然永远附属于神而存在。而斯宾诺莎将自然与神看成是一回事，认为完全可以从自然的观点来理解神，这就将神从至上的"超越"地位上拉了下来，使其与自然等同，这就从根本上颠覆了宗教神学的传统观点。

斯宾诺莎完全清楚他的观点与宗教神学家的不同，他在给奥尔登堡的信中说："我对于神和自然，持有一种和那些近代基督教徒惯常所主张的非常不同的观点。因为我主张神是一切事物的内在的原因，而不是超越的原因。"在这里，斯宾诺莎清楚说明了他所说的神与自然的关系与宗教神学的根本分歧：宗教神学认为神是超越于自然的外在力量，是自然及其运行规则的创造者和主宰者；而斯宾诺莎认为，神不是外在于自然的超越原因，而是自然万物存在和变化的内在原因。这里的"内因"不是指神寓于自然的内部隐秘地起作用，决定自然的生息变化，而是指神与自然的同一，神与自然是一回事。斯宾诺莎明确说："自然或神完全是一个东西。"

斯宾诺莎详细分析了自然的性质，并将其与神的定义相比较，认为两者"完全相合"。因而，他所说的关于神的一切性质也都可以用来描述自然：自然是必然存在的；它的存在是由于其自身的原因，即内因；它是万物的存在和本质的唯一原因；万物皆在自然之内，只有根据自然的本性，万物才能存在，才能被认识和理解，等等。这样一来，斯宾诺莎就从两个方面彻底改变了人们对神与自然关系的传统看法：首先，那个超越的、主宰人类命运的神不存在了，人们赖以生活的一切，无非就是人们生长于其中的自然界，人们不再需要向神秘的、令人敬畏的神顶礼膜拜，而只需要向身边的自然界谋取自己的生存和幸福。其次，神与自然是同一的，这就意味着神的一切就是自然的一切，认识自然也就是认识神；而且这种认识是通过自然本身达到的，不需要借助任何别的东西或超自然的启示和力量。于是，传统神学所宣扬的神的超越性和神秘性就被消除了，为自然的现实性和可知性所取代。

当斯宾诺莎将神与自然等同，如果从神的方面看，也就意味着神在自然中无处不在，自然万物都具有神性，每一物都从某一方面表现着神的本质。这种观点在哲学上被称作泛神论（pantheism），是哲学家们在研究自然的过程中为摆脱宗教神学的束缚而采取的一种简便易行的理论形式。我们可以将笛卡儿与斯宾诺莎作对比，看看两人处理神与自然关系所采取的不同方式。笛卡儿为了证明物质世界的存在，首先证明神的存在，然后由神将整个自然界创造出来，并在完成创造工作之后，不再干预自然界的运动，让自然界按照自己的规律运行。笛卡儿以这种方式将自然科学与宗教神学划清了界限。不过，他的理论存在一个巨大的形而上学裂隙，那就是，尽管神不再干预自然万物的运动，但它仍然是超越的存在者，是独立于自然界的另一个存在。也就是说，在笛卡儿那里，世界不是统一的，而是分裂的：在存在论的意义上，是神与自然的分裂；在思想和知识的意义上，是宗教与科学的分裂，神学与哲学的分裂。这种分裂贯穿于西方近代哲学的全部发展中，成为哲学家们关注的核心问题之一。为了消除这个分裂，他们或者将神学统一于哲学，或者将哲学统一于神学；在无法消除这一分裂的情况下，也有人像笛卡儿那样极力限制神的作用，让神学和哲学分道扬镳。与这些人不同的是，斯宾诺莎的泛神论将神和自然、神学和哲学看成是一回事，从理论上为消除这一分裂提供了新的选择，而其真正目的，是在神的神圣光环下，确立自然和自然科学的独立合法地位，为近代哲学家执着追求的"统一科学"的理想奠定形而上学和知识论的基础。

斯宾诺莎不但追求自然与神的统一，而且追求自然本身的统一。他认为，尽管自然万物变化无穷，但它们都服从于自然的规律性，是按照一定的必然规则联系起来的。从这一基本观点出发，他特别阐明了如何看待自然中整体与部分的关系。他认为，整体和部分是相对的概念，在某种情况下被看作部分的东西，在另一种情况下可以被看作是整体。譬如，就个别事物与整个自然界而言，个别事物是部分，自然界是整体；而就各个不同的事物而言，每个事物都是整体，同时，这每个事物又是由更小的部分所构成。而不论如何划分和认定事物的整体和部分，它们都服从自然界的统一规律。为说明这个道理，斯宾诺莎假设有一个寄生虫生活在人的血液中，它既能进行观察，也能进行思维。这时，它会把血液中的每一颗微粒都看成是整体，而不是部分。可是，它不知道血液中的所有颗粒都是按照血液的一般性质而互相联系的，在这个意义上，显然血液是整体，各个颗粒是部分。如果再从大的方面看，考虑到血液的运行也与身体其他组织发生相互作用，那么，就应该说，血液不是整体，而是部分。斯宾诺莎认为，这种情况完全适用于说明自然万物。也就是说，虽然自然万物在不同的范围内有这种整体与部分的相对关系，但对于整个自然而言，万物都是部分，都依照自然整体的规则运行，与自然整体相一致。

既然万物都是自然的组成部分并服从自然的法则，人当然也不例外。那么，就人的认识活动而言，人对事物的认识，包括对人自身的认识，必定是以符合自然本性的方式进行的。也即根据自然本身的唯一性和自因性，对自然物的存在、性质、变化规律作出说明。这些说明所依据的原则和方法，不是任何超自然的神秘的东西，而是自然科学所认可的东西，在斯宾诺莎看来，就是数学和近代物理学。对于这样一种自然观和知识观，我们称它是"自然主义的"。自然主义是斯宾诺莎哲学的一个重要特征。

为了进一步阐明自然的本性和结构，斯宾诺莎借用了中世纪经院哲学的两个术语："产生自然的自然"（natura naturans）和"被自然产生的自然"（natura naturata）。乍看上去这两个术语有点费解，实际上意思并不复杂：前者是指从本质上理解的自然总体，即具有主动产生能力的自然；后者是指从自然万物的个别性上理解的自然，即被自然总体所产生和决定的个别事物。因此前者也可以称作"能动的自然"，后者也可以称作"被动的自然"。用斯宾诺莎的话说就是："'产生自然的自然'是指在自身内并通过自身而被认识的东西，即表示实体的永恒无限本质的属性，换言之，就是指作为自由因而言的神。'被自然产生的自然'是指出于神的本性的必然性，即出于神的每一属性的必然性的一切事物；换言之，就是指神的属性的全部样式，就样式被看作在神之内，没有神就不能存在，也不能被构想的东西而言。"

斯宾诺莎的这段话阐明了自然总体与个别自然物之间的关系，也即神与被造物之间的关系，同时也提示出另外两个概念：属性和样式。这两个概念也是贯穿在斯宾诺莎的形而上学中的，只不过我们前面着重阐述实体、神和自然的本质特征，没有专门讨论这两个概念罢了。下面该是说明这两个概念的时候了。

第 4 章

属 性 与 样 式

在斯宾诺莎的形而上学体系中，实体是无限的、永恒的、不可分割的根本存在。这个存在是"一"，而不是"多"，因而保证了世界的完整统一性，并为"统一的"人类知识提供了形而上学的根据。可是，如果我们只满足于对实体的上述规定，那么，这个完满的"一"仍然是空洞的、缺乏内容的，不能说明物类纷繁、变化万千的真实世界。于是，斯宾诺莎又在实体的范畴下划分出实体的属性，在属性的范畴下划分出样式，将一切事物都放在属性和样式的范畴下来认识，于是形成了"实体—属性—样式"的形而上学三重结构。

一、属性与样式的概念规定

斯宾诺莎对实体的论述是从概念的规定开始和展开的，同样，他对属性和样式的论述也是从概念的规定开始和展开的。

什么是属性？斯宾诺莎将属性定义为："由理智在实体中所觉察到的构成实体本质的东西。"根据这个定义，属性不是在实体之外，而是属于实体的、构成实体本质的东西。实体的存在是必然的，属性的存在也是必然的；实体是永恒的，属性也是永恒的；实体是无限的，属性也是无限的。在这一点上，实体与属性是同样的，只不过在层次上，属性是附属于实体的。由于这种附属性，也带来了实体与属性的某些差异，譬如，属性的无限与实体的无限有所不同：实体的无限是指"一"的无所不包，万物皆在它之内，没有任何独立于实体的东西存在；属性的无限不但指属性表现了实体的无限本质，而且指属性的数目是无限多的。实体的无限本质不是由一个属性表现的，而是由无限多的属性从各个方面表现的。如果按照斯宾诺莎关于"自类无限"和"绝对无限"的区分来看，属性的无限性是自类无限的，而不是绝对无限的。也就是说，就某一个属性而言，它是只此一个，别无同类的，在这个属性的范围内，它是无限的，但它不能表示实体所具有的由其他属性所表示的一切无限性。这就是斯宾诺莎所说的："自然包含无限多的属性，其中每一个属性在它自类中是完善的。"

总之，属性是自类完善的、数量无限的，它们以实体或神为直接原因，表现着实体永恒无限的本质；属性"是通过自身被设想并存在于自身内的一切东西"，任何一个属性都不需要借助其他属性来得到理解和说明；各属性之间互无联系，也无共同点，而没有共同点的东西是不能相互作用的，"一个属性不能产生另一个属性"。这就是斯宾诺莎所描述的属性的世界。他关于属性的观点，我们可以称之为"属性的多元论"。

为什么实体要有无限多的属性？假如实体的属性是有限的，甚或只有一个属性，难道它们就不能表现实体的本质吗？斯宾诺莎认为，属性的无限性是由实体的无限本质决定的：如果实体的属性是有限的，那么，它们对实体本质的表现也是有限的，也可以说是对实体无限本质的限制；既然我们已经知道实体是无限的，那么，可以断定，它的属性也一定是无限的。所以斯宾诺莎说："我们对每个东西的构想都必须根据某个属性，而这个东西所具有的实在性或存在越多，表示其必然性、永恒性和无限性的属性也就越多，这是再明白不过的。因而，一个绝对无限的东西必然被规定为由无限多的属性所构成，每一个属性各表示这个东西的某一确定的、永恒无限的本质，这也是再明白不过的。"

由于属性所表现的是实体的本质，所以对一个属性的认识也同对实体的认识一样，不能借助于他物（譬如借助别的属性），只能通过该属性自身来认识，也就是说要依靠理智的思辨，即属性的定义中所说的"由理智所觉察到的"。人们通常会认为，对于一个物体的属性可以通过最基本的经验来把握，但在斯宾诺莎看来，这只是指事物的某个特定的性质，而不是他所说的"构成实体本质的东西"，对属性的认识就不能用认识某个事物特定性质的同样方法来把握。所以，他说："对于其存在与其本质并无区别，因而其存在由其定义推导出来的那些事物，我们不需要经验。的确。任何经验都不能告诉我们它们的存在，因为经验并不告诉我们事物的本质，经验最多所能做的，是限定我们的心灵只思考事物的某些本质。因此，既然属性的存在与其本质无区别，所以我们不能通过任何经验去把握它。"由此可见，斯宾诺莎始终坚持用理性的方法而不是经验的方法来阐明他的哲学原理，在关于属性的问题上也不例外。

斯宾诺莎引入属性范畴是为了使人能认识具体事物，因为一切事物都包含在属性之内，"任何事物必须借其属性才可以被认识"。然而，实体的属性有无限多，这就使得对属性的认识和把握成为一个无限的过程，是人的有限能力无法胜任的。但无论如何，在无限多的属性中，有两种属性是人可以认识和把握的，那就是"思想"（thought）和"广延"（extension）。思想是指各种意识，广延是指大小和形状。实际上，人在与万事万物的接触中，所能认识和把握的属性也只有这两种，也就是说，这两种属性涵盖了我们所能知道的一切事物的性质和特点，比方说，一个人有什么样的观念和思想，一个物体有什么样的形状和大小。而在斯宾诺莎看来，对于获得"关于人类心灵及其最大幸福的知识"来说，只要认识和把握了思想和广延这两种属性，也就足够了。

思想和广延是实体的属性，表示了实体的永恒本质，就此而言，可以推出，实体是有思想的、有广延的。因为实体、神、自然是一回事，所以神和自然是有思想、有广延的。不过，要注意的是，斯宾诺莎说实体是有思想、有广延的，是在表现实体永恒本质的最抽象、最普遍、最概括的层面上说的，所以绝不能由此断言，实体有这样或那样的观念和思维活动，有这样或那样的形状和大小，即不能对实体的属性作具体的描述，因为任何具体的描述都是对实体的绝对本质的限制和歪曲。

可见，虽然属性丰富了对实体的性质的理解，但属性仍然是高度抽象的、概括的，如果将认识停留在属性的层面上，仍然不知道世上的万事万物是什么样，有什么具体的特点和性质，因而无助于知识的发展。于是，为了认识具体事物，斯宾诺莎又在属性的范畴之下引入了样式的范畴，完成了他所设想的"实体—属性—样式"的三重结构。他所说的样式就是指各种各样的具体事物。

样式有什么性质和特点？与实体和属性是什么关系？斯宾诺莎作了详细的论证。根据他的论证程序，他首先给出了样式的定义："样式是指实体的各特殊状态，即在他物内，并通过他物而被构想的东西。"这个定义包含了对样式的基本规定，从这个定义出发，可以进一步推出样式的各种性质。斯宾诺莎关于样式的观点可以概括如下：

首先，样式是实体的特殊状态，因此，它存在于实体之中，依赖于实体，没有实体就没有样式，实体是样式存在的根本原因。如果将样式与实体作比较，两者的最根本区别就在于它们的存在性上：对于实体来说，如前所述，存在属于它的本质，由此可以推出实体是唯一的、无限的、必然的存在；而样式则不同，样式在本质上不包含存在。因此，一个样式的不存在是完全可能的，也就是说，我们可以思考一个样式的性质，而这个样式不必一定存在。譬如，我们可以思考一张桌子的构造和性质，而这张桌子实际并不存在，这里不包含矛盾。

其次，当我们考虑样式的存在和性质时，也与考虑实体和属性不同。对于实体和属性，可以通过其自身来理解和把握，不需要借助他物；而对于样式则是"通过他物而被构想的"。这里的"通过他物"实际有两层意思：一层意思是，这个"他物"就是实体，实体是万物之源，理解和把握样式必须通过实体。因此，斯宾诺莎说，"样式只在神之内，只能通过神而被认识"。另一层意思是，尽管样式出自于实体，但作为具体事物，它是有限的、特殊的，它的存在和活动必为其他有限的样式所决定，也就是说，一个有限样式一定以另一个有限样式为其原因，如此类推，以至无穷。因而，对于有限样式，我们必须通过其他的样式或事物及其相互关系来理解，并区分出它的近因和远因，从而获得有关的因果知识。

譬如对于一张桌子的存在和性质，我们必须通过其木材的生长环境和来源、其制作过程、其使用和功能，以及相关的各种事物和情形来认识和理解。也就是说，样式与样式之间是互相联系、互相依赖的，形成了一个复杂的因果链条，因此，我们必须从整个自然的秩序来考虑具体样式的存在和性质，并推断其过去和将来的存在状况。而这样的推断完全是理智的职能，只要理智的运用是恰当的，即使如前面所说一个样式实际并不存在，我们也可以对它形成正确的知识（真观念），因为它的性质可以从别的样式正确地推断出来。这种方法也就是数学所用的推理方法。

最后，样式出自实体，也表现着实体的性质，但它们不是以完满的方式来表现的，而是以特殊的、具体的方式来表现的，即表现为千千万万的个别事物。而且，样式表现实体性质的方式也不是直接的，而是通过属性，用斯宾诺莎的话来说就是，"特殊的事物只不过是神的属性的样式，即这样的样式，在这样式中，神的属性被以确定的方式表现出来"。于是，根据思想和广延两种属性的区分，我们就得到了思想样式和广延样式，即这样或那样的特殊思想和这样或那样的特殊物体，从而进入到具体事物的领域。

在具体事物的领域，样式呈现出何种特点呢？

虽然所有样式都以实体或实体的属性为根本来源，但有的样式出自于实体或其属性的绝对永恒的本性，有的出自于实体或其属性的有限具体的状态（分殊）。前者被称作"无限的样式"，后者被称作"有限的样式"。"无限的样式"可以决定和说明"有限的样式"，"有限的样式"则构成其他一切个别事物。思想中的"无限样式"是"理智"，广延中的"无限样式"是"运动"。但不论"有限样式"还是"无限样式"，无一例外都在实体内，由实体所产生，所以，用与自然相关的说法，它们都属于"被产生的自然"；用与神相关的说法，它们都是神的创造物。样式的数量无限多，形成了由高级到低级的等级结构。最高级的思想样式是"神的无限观念"，最高级的广延样式是物理的宇宙整体。

在思样式中，除了理智之外，还有观念、欲望、各种情感等，其中观念是原始的、基本的，因为欲望和情感等是以观念为对象的，如果没有相应的观念，欲望和情感等就无从引起，而反之，如果没有欲望和各种情感，观念却可以存在。斯宾诺莎在此暗示了人的知识是从观念开始的，也指明了欲望、情感与原始观念之间的关系，为后来关于情感的论述作了铺垫。

在广延样式中，特别要注意关于运动的论述。斯宾诺莎将运动看作是"无限样式"，贯穿于物体的一切状态中。他坚持了笛卡儿的观点，认为静止是相对于运动而言的，是运动的特殊情况，世上并无绝对的静止。他还从运动中寻找事物差异性的原因，他认为，物体运动和静止的不同比例，即运动快慢的不同分配，造成了物体性质的差异。一个物体是运动还是静止，是由另一个物体所决定的。当一个物体由静止变为运动，或由运动变为静止，必定是由于其他物体的作用，这个其他物体也就成为前一个物体变化的"外因"。而且，物体的运动也因各物体自身性质的不同而呈现出千变万化的多样性。总之，物体之间的这种相互作用是环环相扣、绵延不绝的，构成了一幅万物相生相克的生动画面。而所有这些运动变化都不需要万物之外的"第一因"来推动。如果说有第一因，这个第一因也是集万物于一体的自然本身，是斯宾诺莎所说的实体或神。稍微了解近代自然科学发展史的读者可以看出，在这里，斯宾诺莎已经预见到了后来自然科学理论的基本要点，其中关于运动的绝对性、物体普遍的相互作用等观点，更闪耀着辩证法的光辉。当然，在当时的科学发展背景下，斯宾诺莎所说的运动完全是指机械运动，他还不了解除此之外运动的多样性和更高级的运动形式。虽然这是历史条件造成的局限，但斯宾诺莎能够站在哲学的高度预见到未来科学的基本原则，表现出高瞻远瞩的卓越天才。在这方面，如恩格斯所说，他无愧于当时哲学的"最高荣誉"，那就是：不被同时代的自然知识的狭隘状况引入歧途，坚持从世界本身来说明世界。

二、心身平行论

心灵与身体的关系是西方近代哲学中争论最激烈的问题之一，即使在当代也丝毫不减其重要性，尤其在心灵哲学中更成为众多理论关注的核心论题。

心、身关系问题之所以引起近代哲学的极大关注，源于笛卡儿所提出的心、身二元论。笛卡儿认为心灵和身体是完全不同的实体，有截然不同的属性：心灵的属性是思想，身体的属性是广延。他断言：心灵"只是一个在思维而无广延的东西"，身体"只是一个有广延而不思维东西"，两者互不相干。在笛卡儿那里，不但心灵和身体有二元之分，思想和广延也有二元之分，所以他的心、身二元论既是实体上的二元论，也是属性上的二元论。既然心、身是互不相干的，那么，心和身是如何结合和互相作用的呢？因为最基本的生活经验告诉我们，人的心灵和身体是结合在一起的，人的思想可以影响和支配身体的活动，身体的变化可以在心中引起不同的感觉和情绪。笛卡儿在解决这个问题时遇到了极大的困难。他试图将人脑中的一个腺体（松果体）作为心灵和身体发生联系的场所，用所谓的"元精"作为传递运动的中介，以此来解释心、身的结合和相互作用。尽管笛卡儿作了详尽的论述，他的理论仍然不能令人满意，因为不论是在松果体中，还是通过"元精"，他所说的心、身结合和相互作用仍然是外在的，只不过是用更精致的设计将两个互不相干的实体和属性强行拉在一起罢了。笛卡儿的二元论提出后，既招致人们的批评，也引来许多解决问题的尝试。斯宾诺莎就是试图解决这个问题的主要哲学家之一。

在《伦理学》中，对于笛卡儿用松果体来说明心身结合的观点，斯宾诺莎大加讥讽："这位大名鼎鼎的人物的见解，如果不是说得那样精致的话，我几乎无法相信它会出自这样一位大人物的手笔。让我大为惊异的是，这样一位下定决心，除了依据自明的前提决不妄下推论，除了清楚明白见到的事物外，决不妄下判断，并且屡屡指责经院学家'用神秘的性质来解释隐晦的事物'的哲学家，竟会提出一个比任何神秘的性质更加神秘的假设来。"在斯宾诺莎的著作中，这大概是他对笛卡儿这位理性主义前辈最尖刻的批评了。

与笛卡儿的心身实体二元论不同，斯宾诺莎不承认心灵和身体是实体，认为实体只有一个，即神或自然。这样他就首先从笛卡儿的实体二元论的臼巢中跳了出来，开辟了一个解决问题的新途径，那就是：不讨论心、身这两个实体性的存在是如何结合和发生作用的（因为根本没有这样两个实体），而从对思想和广延这两个属性的分析入手。那么，思想和广延这两个属性是否能结合在一起并互相作用呢？根据斯宾诺莎所主张的属性多元论，也同样不可能。于是，在属性的层面上，斯宾诺莎将思想和广延的结合和相互作用的可能性也排除了。

不过，斯宾诺莎的属性多元论与笛卡儿的属性二元论不同，除了实体数量的不同外，还因为在斯宾诺莎的形而上学体系中，实体是绝对无限的"一"，这样的实体是不能被分割的（斯宾诺莎认为若将实体分割，就意味着会有多个实体），虽然它的各个属性彼此无关，但它们统一于实体之下，不能分开，在这个意义上，各属性之间通过实体而发生某种"关系"。那么，这种"关系"是否能说明心、身的结合和相互作用呢？要说明这一点，就必须看一看斯宾诺莎是怎样理解和规定"人"的心灵和身体的。这里强调"人"，是因为我们考察的是"人"的心灵和身体，而不是其他物体的心灵和身体。这里我们有必要补充说明一下，当斯宾诺莎谈到心灵和身体时，他有一种物活论的倾向，即认为"一切个别事物都是有生命的（animated），只不过程度不同罢了"。他只把"人"作为考察的对象，不但因为"人"是最高级的生命形式，而且因为"人"是与我们最密切相关的，所以理所当然地成为他最关注的主题。"人"是什么？"人"不是实体，而是样式。"人"是由心灵和身体组成的，心灵和身体也是样式，是分别属于思想属性和广延属性之下的样式。于是，关于心、身结合和相互作用的问题就进入了样式的层面，即心灵和身体这两个样式是怎样结合和相互作用的。

　　斯宾诺莎认为，要说明这个问题，首先必须说明什么是身体，什么是心灵。

　　斯宾诺莎根据当时物理学和生理学的原理来说明人的身体。首先，身体也是物体，因此服从于物体普遍的运动规律。其次，作为人的组成部分，人的身体又有特殊性：它是由许多性质不同、结构复杂的部分所组成；这些部分有的是液质的，有的是柔软的，有的是坚硬的；身体的各部分乃至整个身体本身，都以不同方式受到外界物体的触动；当身体的液质部分受到外界物体的触动，就会将这触动传递到身体柔软的部分，在上面留下冲击的痕迹；身体需要大量别的物体来维持自己的生存和再生；身体可以用各种不同方式来移动和支配外界物体。显然，斯宾诺莎在这里描述了人身体的复杂结构，指明了身体与外界物体的刺激—反应关系和相互作用，以及维持身体生命活动的新陈代谢等功能。尽管受当时自然科学水平的局限，他描述身体时的用语是通俗的，充满了机械论的痕迹，很不严谨，但在他看来，这些都是毋庸置疑的真理，因此他将所描述的内容称为"公理"。

如果说斯宾诺莎对身体的说明根据于自然科学的材料，因此比较容易理解，那么，他对心灵的说明则因为有较多思辨的色彩而不那么容易理解了。笛卡儿认为心灵是实体，其属性是思想。在他看来，心灵是各种思想活动的承担者，没有这个承担者，思想的活动是不可设想的。他的这个观点很大程度上是受了亚里士多德的影响，亚里士多德对实体有多种论述，其中之一就是将实体看成是属性的基质（substrata）或依托。不论怎样，在笛卡儿那里，心灵是一个具体的、实际存在的东西，各种思想活动因心灵实体的存在而得以可能。斯宾诺莎对心灵的看法与笛卡儿不同，他认为心灵不是实体，只是思想样式，这样他就剥夺了心灵在笛卡儿那里的实体性特权，同时也否定了将心灵看作思想活动之承担者的观点。

那么，心灵到底是什么呢？斯宾诺莎认为，心灵只是思想样式，它是由许多思想样式构成的，正是这些思想样式构成了心灵的存在。而在所有构成心灵的思想样式中，原始的成分一定是观念。这是因为，如前面所说，在思想的各种样式中，观念总是原始的、在先的，然后才由于将观念作为对象，形成了欲望、情感等其他思想样式（我们在后面还会提到，这些其他思想样式实际上也是不同的观念）。因此我们可以说，所谓的心灵无非就是一些观念。由于观念是构成心灵的主要的、原始的成分，而观念是与知识相关的，所以斯宾诺莎也说："心灵的本质在于知识"。可是，构成心灵的观念是关于什么的观念呢？或换言之，这些观念的对象是什么呢？斯宾诺莎认为这些观念的对象不会是一个"不存在的东西"，一定是一个"现实存在的东西"，因为只有这样，这些对象的观念才是现实存在的。这就是《伦理学》第二部分的命题十一"构成人的心灵的现实存在的最初成分是对一个现实存在的个别事物的观念"所说的意思。

接下来的问题是，构成心灵的观念的这个对象，即这个"现实存在的东西"又是什么呢？斯宾诺莎认为是人的身体，也就是说，心灵所具有的那些观念，都是关于人的身体的，人的身体是心灵的观念的对象，而且是"唯一的"对象。他在《伦理学》第二部分的命题十三中说："构成人的心灵观念的对象是身体，即某个现实存在的广延样式，而不是任何别的东西。"

根据斯宾诺莎的观点，人的身体也是一个广延样式，即一个物体。那么，为什么构成心灵的观念只能以人的身体为"唯一的"对象，难道不能以其他物体为对象吗？斯宾诺莎认为，就人心这一特殊的思想样式而言，那种情况是不存在的。为说明这一点，他将人的身体与其他物体区分开来。前面已经提到，斯宾诺莎认为，物体之间的区别是由物体运动和静止的不同比例决定的，运动和静止的特定比例，决定了一个物体的特定性质，决定了这个物体"是这样而不是那样，是这个而不是那个"。作为个别的物体，人的身体也有不同的运动和静止的比例，决定了它是人的身体而不是别的物体，决定了它是这个人的身体，不是那个人的身体。人身体在胚胎时、死亡时与当下存活时的区别，只在于其运动和静止的比例不同，当人的身体不能维持它存活时运动和静止的比例，死亡就到来了。根据这个原理，斯宾诺莎进而指出，虽然人的心灵只是一些观念，但作为这些观念的对象的物体，却不是由人任意选择的，只有以人身体这样的特定物体（具有运动和静止的特定比例）作为人心观念的对象，才能形成人的心灵这样的思想样式，而选择人身体作为人心灵的观念的对象，恰恰是神对于构成人心灵的观念和思想样式所要求的。如果不以人身体作为人心灵的观念的对象，而以别的物体代替之，那么，这个心灵也就不是人的心灵了，比方说，可以是某种动物的心灵。

既然构成人心灵的观念只以人的身体为对象，那么，人如何认识其他物体，如何获得其他物体的观念呢？斯宾诺莎认为，这必须从人身体与其他物体之间的关系来说明。如前面关于物体的性质所说，人的身体作为一个物体，可以与别的物体发生作用，譬如受到其他物体的触动，或对其他物体施加推动。在人身体与其他物体的相互作用中，人身体会发生变化，人的心灵不但以人身体为对象，也以人身体上发生的变化为对象，将有关这些变化的观念变成人的心灵的一部分，这就是"感觉"的发生过程。当人的心灵一旦感觉到人身体的变化，就会根据这些变化"推知"人身体之外有别的物体存在，对人身体发生作用，并进一步"推知"外界物体的性质，甚至在外物的作用消失后，仍能凭想象和记忆认定外界物体的存在和性质。简言之，在斯宾诺莎看来，就人而言，心灵对身体的认识是"直接的"，这是心、身"结合"的概念基础；心灵对身体之外其他事物的认知是间接的，是在获得对人身体的认识后通过想象推知的。对这一原理，斯宾诺莎在给其友人的信中概括说："人的心灵只能认识一个实际存在的身体的观念所包含的那些东西，或由这个观念而可以推知的东西。因为任何事物的能力只由它的本质来规定，而心灵的本质只在于：它是实际存在的一个身体的观念，因此心灵的理解能力仅限于这个身体的观念自身内所包含的东西，或从这一观念而推知的东西。"

通过上述论证，斯宾诺莎认为可以获得一个重要的成果，那就是，他已经说明了心灵与身体的"结合"。他说："于是，我们不仅理解了人的心灵是结合到身体上的，而且理解了心灵与身体之结合的性质。"在他看来，心、身"结合"的本性就在于"身体是心灵的对象"，或换句话说，就是心灵意识到身体，以身体为对象，有了关于身体的观念而已。

如果这样来理解心灵和身体的"结合"，显然不能令人满意。因为人们通常所说的心、身结合是指两者之间的互相依存和因果关联，而斯宾诺莎所说的心、身"结合"既无实体性关联，也无因果性关联，因而是外在的，非实质的。它所依据的只是思想的意向性，即思想以身体为其指向的对象。但作为思想意向的对象，可以是实际存在的东西，譬如我有一匹马的观念，这匹马是实际存在的；也可以是实际不存在的东西，譬如我们有火龙飞马的观念，而火龙和飞马是不存在的。那么，斯宾诺莎如何保证思想（心）的意向对象，即人身体，一定是实际存在的，而不是虚幻的呢？在此，斯宾诺莎诉诸神，他认为，一切思想样式都在神之中，人的心灵只是神的无限理智的一部分，因此，只要神的无限观念存在，人心关于人身体的观念也就存在，而这就意味着人身体是包含在神的属性之中的，所以，人身体是实际存在的。

斯宾诺莎以上所说，还只是说明了心、身关系问题的一个方面，即心灵和身体是怎样"结合"的，他还没有说明心灵和身体是如何相互作用的。这后一个问题是理解心、身关系中最关键、最困难的问题，也是不能回避的问题。笛卡儿恰恰因为不能满意地说明这个问题而陷入了困境。由斯宾诺莎关于属性和样式的学说可知，心灵和身体是不能发生相互作用的。因为心灵是思想的样式，身体是广延的样式，思想的样式只能以思想的样式为原因，广延的样式只能以广延的样式为原因，不同属性的样式之间不能相互作用。譬如，爱的情感是一个思想样式，要使对某个东西的爱消失，不能凭借这个东西的广延属性，而只能通过别的思想样式，比方说当对那个对象有了不好的观念或厌恶的情感时，对它的爱就会消失。广延的样式也是如此，譬如，一块静止的石头不能用思想样式来推动，只能由另一个物体来推动。斯宾诺莎排除了心灵和身体相互作用的可能性，也排除了说明这种相互作用的必要性：对于不可能的东西是没有必要去说明的。这样一来，斯宾诺莎就改换了所要讨论的问题，将"如何说明心灵和身体的相互作用"的问题改换为"如何说明心灵和身体的协调活动"的问题。就是说，为什么心中有某个思想（观念、意欲等），身体就会有某个相应的活动；为什么身体发生某种变化，心灵也会发生相应的变化。为此，斯宾诺莎提出了著名的"心身平行论"。

"心身平行论"的观点是说：心灵和身体是互不相关的两种样式，心灵中有不同观念接续发生的因果系列，身体中有不同状态接续发生的因果系列，虽然心灵和身体不能相互作用，但它们各自中发生的因果次序是相同的，于是，两者就协调一致起来。关于这个原理，斯宾诺莎作过多次阐述。譬如，《伦理学》第五部分的命题一说："身体的状态和事物的形象在身体中的排列和联系，与思想和事物的观念在心灵中的排列和联系，是完全一样的。"这个命题的证明说："观念的次序和联系与事物的次序和联系是同样的，反过来，事物的次序和联系与观念的次序和联系也是同样的。因此，正如心灵中发生的观念的次序和联系与身体状态的次序和联系是一样的，反过来，身体状态的次序和联系与心灵中思想和事物的观念的次序和联系也是一样的。"如果用现代哲学的术语说，这个原理的意思是：在人这个思想和广延的"结合体"中，思想的事件与广延的事件是一一对应、平行发展的，两者互不相干。如果做一个不严格的比喻，那就好像铁路的两根铁轨，平行延伸，永不相交。在这种情况下，当我们理解人这个心身结合的物体时，就可以分别从思想和广延两个方面来理解：当人被当作思想的样式时，我们就单从思想这个属性来解释它的次序和因果联系；当人被当作广延的样式时，我们就单从广延这个属性来解释它的次序和因果联系，两种解释是并行不悖、一一对应的。斯宾诺莎的这个观点被后人称作"心身平行论"。可以看出，虽然"心身平行论"提供了一个心、身协调的发展模式，但并没有真正说明心和身之间的因果关系和相互作用，它实际上仍然是一种二元论，只是其表现形式与笛卡儿的二元论不同罢了。虽然笛卡儿主张心身二元，但他不否认心身之间可以相互作用，并试图对之进行说明，因此他的二元论也被称作"心身作用论的二元论"。而斯宾诺莎否认心身之间的相互作用，用心身平行来取代之，他的二元论也被称作"心身平行论的二元论"。由笛卡儿和斯宾诺莎分别提出的这两种二元论，成为后来试图以二元论方式解决心身关系问题的两种主要的理论取向。

"心身平行论"说明了心、身之间协调一致的关系，但这种协调一致靠什么来保证？或者说，这种协调一致是根据什么原理来实现的呢？在此，斯宾诺莎仍然诉诸神（实体）。他认为，思想和广延是神的属性，因此神既是思想的实体，也是广延的实体，而这两种实体实际就是"那唯一的同一个实体"，只不过是通过不同的属性去理解罢了。这个情况也适用于作为神之产物的样式，也就是说，一个广延样式（身体）与以这个样式为对象的思想样式（心灵）实际上是"同一个个体，只不过时而在思想的属性下来构想，时而在广延的属性下来构想罢了"。而不论思想样式还是广延样式，其表现出的因果次序和联系都是以神为原因的，都为神所决定，并在一定的形式下表现了神的本性。这样一来，在神这个实体的保证下，心灵和身体的协调一致就是理所当然的了。斯宾诺莎从神这个单一实体的思想和广延两方面属性来理解心灵和身体的关系，因此他的观点也被称作心身关系的"两面论"（Double-aspect theory）。

第 5 章

情感、知识、道德

　　斯宾诺莎关于实体、属性、样式的大量论述，都属于形而上学的论题，是为了说明世界的根本存在、结构和性质而提出来的。形而上学是一切哲学的基础，即所谓的"第一哲学"，它是哲学家观察和理解世界的立脚点。形而上学的基础固然重要，但它的理论效果必须在对人类生活的具体说明中体现出来，它应当具有现实的品格，而不仅仅是一个抽象、空洞的理论构造。斯宾诺莎是一位以人类幸福为己任的哲学家，他的形而上学是与人类的现实生活密切相关，并为理解后者提供了根据。在他看来，在人类的现实生活中，不但有认知活动，还有情感活动和道德活动，在某种意义上，后两者对人的生活发挥着更重要的作用。因而，毫不奇怪，斯宾诺莎把对情感和道德的研究放到重要的位置上。情感与道德既有区别又有联系，道德善恶的区分是在人的情感活动中被确定下来的，人对至善的追求也是由情感活动的本性决定的。当人们弄清了情感的性质和作用，懂得了如何控制和指导情感，也就为说明什么是道德以及如何实现道德铺平了道路。人的幸福生活的真正意义就在于对道德至善的追求，人生的最高境界就体现在对神的爱和与神相结合之中。斯宾诺莎高度重视对情感的研究，他将《伦理学》中一半以上的篇幅用于论述情感，而其落脚点是在道德上。不仅如此，斯宾诺莎还将情感与人的认知活动联系起来，同时强调了形而上学对情感和认知的规范意义。他追求的是形而上学、知识论、情感论和道德论的统一，而其最终目的是说明什么样的生活才是符合道德的生活，什么样的生活才是至善。他用"伦理学"作为他的主要著作的标题，表明了他试图用伦理学统摄其哲学体系的意向。

在西方哲学中，对情感的研究自古代就开始了，但研究的方法各不相同。斯宾诺莎在对认识论和形而上学的研究中强调和采用了数学方法，他认为这个方法对于研究情感也同样适用。他看到，认知研究以外界的物体为对象，情感研究以人的内心活动为对象，由于情感活动具有强烈的主观性特征，于是人们往往认为情感活动可以由人自主控制，不必服从自然界的规律，对它们的研究也必须采用与研究自然事物不同的方法。斯宾诺莎反对这种观点。他认为，这种观点将人类情感和行为看成是与自然事物不同的"超自然现象"，是完全错误的。在他看来，人的情感如同其他事物一样，都是自然现象，因此也服从于同样的自然法则。他说："自然是永远和到处同一的；自然的力量和作用，亦即万物按照它们而取得存在，并从一些形态变化到另一些形态的自然的规律和法则，也是永远和到处同一的。因此也应该运用同一的方法去理解一切事物的性质，这就是说，应该运用普遍的自然规律和法则去理解一切事物的性质。因此，仇恨、愤怒、嫉妒等情感就其本身来看，正如其他个体事物一样，皆出于自然的同一的必然性和力量。"他声称："我考察人类情感的性质，与考察其他自然事物的性质完全取同样的态度。"在研究方法上，如同对待其他问题一样，他主张像在几何学中考察"线、面和体积"那样来考察情感。

当然，情感毕竟是与外界自然物不同的研究对象，有不同的特点，对情感的研究使斯宾诺莎进入了心理学的领域。虽然心理学是一个十分古老的学科，但在近代哲学中它得到了格外的重视。这是因为，随着近代哲学对人性研究的日益深入，哲学家们已经不满足于从外在表象上描述人的思想活动，而越来越要求深入到人心内部，从心理层面说明人的认识机制和情感作用。这一趋向在霍布斯和笛卡儿那里已经明显表现出来，斯宾诺莎则对这一发展进程给予了有力的推动。

一、情感的起源、分类和性质

什么是情感？斯宾诺莎给情感下定义说："我将情感理解为身体的各种状态，这些状态使身体的活动的力量增加或减少、顺畅或阻碍，而对这些状态的观念也同时增加或减少、顺畅或阻碍。"这个定义有点费解，需要作些说明，由此可以引出斯宾诺莎关于情感的一系列观点。

根据斯宾诺莎的心灵学说，人的心灵是由关于人的身体的原始观念构成的，人的身体是现实存在的，人的心灵也由此获得了自己的现实存在。心灵中的观念以人的身体为对象，这个对象由于受其他物体的触动所发生的任何变化，都可以为心灵所觉察到，从而产生新的观念。情感就是由于身体状态的变化而在心灵中造成的新的、变化了的观念。就此而言，情感本身也是观念，只不过它以与原始观念不同的方式表现出来，而且与身体的状态变化一一对应，也就是说，不论身体状态发生了什么变化，都有相应变化的观念出现在心灵中。由于情感与身体的状态有关，所以斯宾诺莎在定义中说情感是"身体的各种状态"。当然，这里我们决不能将他的意思理解为情感和身体状态是一回事，因为它们的属性是不同的：一个是思想样式，一个是广延样式。

对于情感产生的全过程来说，心灵知觉到身体状态的变化并获得相应的观念，这还不是事情的全部，甚至不是最关键的部分。这是因为，如上一章论述"感觉"产生的过程时所谈到，心灵不但知觉到身体状态的变化，得到了相应的身体状态变化的观念，而且它还通过这些观念，间接地知觉到与身体发生作用的外界其他物体的存在和性质，获得了相应的观念。而正是这些其他物体的存在和性质成了情感指向的对象。心灵中如果没有关于这些其他物体的观念，情感的产生是不可能的：正如若没有可爱的对象的观念，爱的情感是不可能的。不过，要注意的是，心灵获得关于其他物体的观念不同于获得关于自己身体的观念，自己身体的观念是心灵直接知觉到的，其他物体的观念是"想象"出来的。在斯宾诺莎的情感心理学中，想象是一个重要概念。什么是想象呢？斯宾诺莎说，所谓想象是指这样一种认识外界物体的方式，即人身体状态的观念将外界物体呈现给心灵，这个身体状态的观念就成为外界物体的"影像"，由此获得关于外界物体的知识，尽管这个"影像"并不是外界物体的真实形象。为说明心灵对自己身体的观念与想象外界物体之间的区别，斯宾诺莎举了一个例子：某甲心中有自己身体的观念，某乙心中也有某甲身体的观念；但某甲心中关于自己身体的观念直接表示自己身体的本质，并因而蕴涵着自己身体的存在；而某乙心中关于某甲身体的观念并不表示某甲身体的本质，而只表示某乙自己的身体状态。因此即使某甲不存在，只要某乙相应的身体状态继续保持着，他的心灵仍可以认为某甲存在。由此可见，在情感活动中，如果人心要通过自己的身体状态来认识外界物体，不可能获得恰当的知识。所以斯宾诺莎说："当人心通过自己身体状态的样式来考察外界物体时，我们说它在想象那个物体，除此以外，人心不能以任何方式将外界物体想象为现实存在的。因此，就心灵想象外界物体而言，它没有关于外界物体的恰当的知识。"

情感与身体状态的变化有关，身体状态变化不是随意的、无规则可循的，它遵循的是"保持自己的现实存在和活动力量"的原则，我们可简称为"保持自己的存在和力量"原则。这个原则为自然万物所共同遵守，万物的变化无不为了保持自己的存在和力量，这是它们的"现实本质"。人的身体作为自然物，在这方面也毫不例外。人的身体与外界物体发生作用，受外界物体的触动而发生变化，这些变化中有些是有利于保持身体的存在和力量的，譬如从外物中摄取食物和营养；有些是不利于保持身体的存在和力量的，譬如外物对身体的种种伤害。人身体会同其他自然物一样，追求有利于保持自己存在和力量的事物，排斥不利于保持自己存在和力量的事物。斯宾诺莎将自然物为了保持自己的存在和力量所进行的这种追求和排斥活动称作"努力"（conatus 或 endeavor），身体的全部现实活动都表现在这种"努力"之中。当身体在努力保持自己的存在和力量的时候，与身体相关的心灵也会发生相应的变化。如前所说，心灵主要是由关于身体现实存在的观念构成的，心灵现实是否存在，取决于身体是否现实存在；如果身体在现实上不存在，心灵就失去了关于现实身体的观念，因而现实上也就不存在了。由于心灵与身体有这种关系，所以同其他事物一样，心灵为了保持自己的存在和力量，就会努力肯定有利于保持身体存在和力量的东西，排斥不利于保持身体存在和力量的东西，这是心灵的本质。而心灵是由观念构成的，心灵肯定或排斥某个东西不是直接对这个东西发生作用，因为心灵和外物之间没有因果关系，而是通过"想象"将那个东西认作就在眼前（影像），努力增加或减少关于这个东西的观念：对这个东西的观念增加了，就意味着肯定这个东西；对这个东西的观念减少了，就意味着排斥这个东西。于是，心灵相应于身体状态的变化，一定会通过"想象"尽可能努力去增加或减少某些观念，由这种带倾向性的努力中就产生出各种情感。这就是情感的起源。斯宾诺莎在关于情感的定义中所说的"身体的这些状态使身体的活动的力量增加或减少、顺畅或阻碍，而对这些状态的观念也同时增加或减少、顺畅或阻碍"，就是对上述情感产生过程的概括。如果我们对斯宾诺莎的观点作简要的评价，那我们可以说，它是以心身理论为依据，阐明了情感作为内心体验，由外部对身体的刺激所引起的情感起源理论。

由上述可知，情感的产生与外物对人身体的刺激所引起的身体状态的变化分不开，不同的刺激会引起不同的身体状态，不同的身体状态会伴有不同的情感，因而情感的不同种类就由外物对身体的不同刺激决定了。因此斯宾诺莎说，刺激人身体的对象有多少种，引起的情感就有多少种。但这些情感的产生过程不是千篇一律的，而是有不同的层次关系。其中欲望、快乐和痛苦是三种基本的情感，其他的情感或者是由它们组合而成的，或者是从它们派生出来的。

在三种基本情感中，欲望或许是斯宾诺莎关注最多的一种情感。什么是欲望呢？按斯宾诺莎的定义所说，欲望就是由身体的任何状态所决定而做出有利于人保持自身存在的某种行为。而努力保持自身存在是人的本质，就此而言，"欲望即是人的本质，即人竭力保持其存在的努力"。由于每个人的身体状况都不一样，引起身体状态变化的外界刺激也不一样，使得每个人的欲望也千变万化、各不相同，就此而言，每个人的本性也是不同的，人与人之间的欲望不同，本性也不同。

快乐和痛苦都是由于人努力保持其存在而产生的情感，有利于保持人自身存在的是快乐的情感，不利于保持人自身存在的情感是痛苦的情感。用斯宾诺莎的话说："快乐和痛苦是足以增加或减少、助长或妨碍一个人保持他自己的存在的力量或努力的情感。"就此而言，快乐和痛苦也同欲望一样，就是人的本质，而且也是因人而异的：一个人的本质与另一个人的本质不同，他的快乐和痛苦的情感也与另一个人不同。既然快乐和痛苦与人保持自身存在的努力相关，我们也可以说：当人感到愉快的时候，必定是他的身体状态有利于保持其存在的时候；当人感到痛苦的时候，必定是他的身体状态不利于保持其存在的时候。而如果将欲望加入进来，将快乐和痛苦作为引起欲望的原因，那么，我们就可以说，凡是由快乐引起的欲望会由于快乐之故而得到加强；凡是由痛苦引起的欲望会由于痛苦之故而受到削弱。在欲望的驱使下（因为它是一种努力），我们在行动上就会趋乐避苦。用斯宾诺莎的话说："凡我们想着足以增进快乐的东西，我们将努力实现它（即努力认为它出现，真正存在，努力使它存在，追求它，指望它），反之，凡我们想象着违反快乐或者足以引起痛苦的东西，我们将努力祛除它或者消灭它（即排除远离它，认为它不出现）……"

不过要注意的是，虽然快乐与痛苦是两种不同的情感，但两者不是绝对的，而是相对的。我们不能将两者推向极端，说只有快乐而没有任何痛苦，或者只有痛苦而没有丝毫快乐。因为这两种情况都是不存在的。如果一个人只有快乐而没有痛苦，他就不会感到快乐；如果一个人只有痛苦而没有快乐，他也就无所谓痛苦。在这种相对的意义上，斯宾诺莎认为，快乐和痛苦只不过是人向着一种"圆满"状态的过渡。他依此为快乐和痛苦下定义："快乐是一个人从较小圆满的状态向较大圆满状态的过渡"；"痛苦是一个人从较大圆满状态向较小圆满状态的过渡"。因为人本性上是不圆满的，所以完全的圆满状态是人所达不到的。

欲望、快乐和痛苦是人的基本情感，其他情感由这三种情感的不同组合或派生而成。将这些情感一一列举出来，几乎是当时乃至后来探讨情感问题的哲学家们必做的工作。不过，我们可以说，斯宾诺莎是其中做得最详尽的一位。在他的情感清单中，包括惊异、轻蔑、恐惧、轻信等数十种。各种情感都有各自不同的组合方式和产生方式，构成了人类丰富的情感世界。在这些情感中，最重要、最值得注意的是爱和恨两种情感，所以我们以爱和恨为例，说明它们与快乐和痛苦的关系。斯宾诺莎说："什么是爱，什么是恨。爱不是别的，乃是为一个外在原因的观念所伴随着的快乐。恨不是别的，乃是为一个外在的原因的观念所伴随着的痛苦。"他的意思是：一个外物刺激身体会使我们通过身体状态的变化产生关于这个物体的观念，如果这个观念伴随着快乐，这个快乐就是所谓的对这个物体的爱；如果这个观念伴随着痛苦，这个痛苦就是所谓的对这个物体的恨。对于我们所爱的东西，我们一定会"努力"让它出现在眼前，并"努力"保持它；对于我们所恨的东西，我们一定会"努力"让它从眼前消失，并"努力"消灭它。

斯宾诺莎还区分了主动的情感和被动的情感。什么是主动？什么是被动？斯宾诺莎认为，就我们人而言，所谓主动是指，不论我们的内部或外部有任何事情发生，我们就是这件事情的恰当原因，这时我们就是主动的；换句话说，如果某件事情的发生完全出于我们的本性，并且单单通过我们的本性就可以得到清楚、明白的理解，那么，我们就是主动的。与此相反，对于在我们内部或由我们的本性而发生的事情，如果我们只是它的部分原因，不能单单通过我们的本性就对它有清楚、明白的理解，那么，我们就是被动的。在情感问题上，虽然我们的情感产生于我们心内，但它们并非完全由我们的心灵所决定，这里还涉及外界事物的性质以及外界事物对身体的刺激，这些因素都不包含在心灵之内；或者说，心灵只是情感的部分原因，如果不联系其他事物，单单从心灵的本性上无法清楚、明白地理解它们。根据主动和被动的这种划分，我们由上述方式得到的情感就是被动的。由于我们的心灵是由观念构成的，所以心灵是否是情感的全部原因，是否单单从心灵的本性就能清楚、明白地理解情感，也就意味着构成心灵的观念是不是"恰当的"。就此而言，我们也可以根据观念是否"恰当"来说明情感的被动与主动。也就是说，只要心灵是由"恰当的"观念构成的，心灵的情感就是主动的；只要心灵是由"不恰当的"的观念构成的，心灵的情感就是被动的。从斯宾诺莎关于各种情感的论述可知，人的欲望、快乐和痛苦等基本情感以及由此引出的其他各种情感都受心灵之外其他因素的制约，因此都属于被动的情感。关于主动情感和被动情感的划分是斯宾诺莎的创造，其目的是要说明人的情感不是由心灵单独决定的，它必须联系包括外界事物性质在内的诸多因素来理解。这样一来，他不但克服了情感研究的内在性，使之成为一个开放的领域，而且将情感的主动和被动，与观念的恰当与否联系了起来，也就是说，将情感活动与认知活动、情感的性质与知识的性质联系了起来。而这一点对于情感研究是十分重要的。

二、情感与知识

在对情感的研究中，人们通常不反对把认知当作影响情感的一个因素，但毫无疑问，由于对知识问题的高度关注，斯宾诺莎是将情感与认知密切联系起来进行深入研究的少数哲学家之一。

如前所说，斯宾诺莎认为心灵首先是由关于身体的观念构成的，身体受到外物刺激发生的变化使心灵中的观念也发生变化，心灵遵循保存自己存在的原则，通过对变化了的观念的"想象"而产生出新的观念，这就是情感。而根据斯宾诺莎的知识理论，人的知识也是由观念构成的，就此而言，情感与认识有共同的观念根源，两者在本性上是不可分的。但从情感与认识的发生过程看，两者又不是平起平坐的，而是认识发生在情感之前，情感是认识活动的一个结果。或换句话说，一个人总是对某件事物有了一定的认识，才会根据这一认识对这件事物产生相应的情感；如果一个人对一件事物毫无所知，就不可能对它产生情感。所以斯宾诺莎说："我认为认识是心中一切情感的最近因"。根据不同的获得方式，知识分为多种，各种知识的真实性和可靠性也不同。在研究情感与知识的关系时，斯宾诺莎主要考察不同的知识会引出何种不同的情感，这些情感又相应有何种不同的性质，这些性质又会导致何种不同的行为后果。

如我们所知，斯宾诺莎将知识分为四种，即"由传闻或者任意符号得来的知识"，"由泛泛的经验得来的知识"，"由推理得来的知识"，"纯粹由事物的本质得来的知识"。他后来将前两种知识合为一种，称作"意见"或"想象"，将后两种知识分别称之为"推理"和"直观"。这三种知识形成了由低级到高级的等级结构，与此相应，由三种知识引出的不同情感也形成了由低级到高级的等级结构。斯宾诺莎分别考察了由三种知识引出三种情感的具体情况，他的考察主要是在《神、人及其幸福简论》中作出的。

意见的知识

这种知识是模糊的、不确实的，不可能没有错误，因而由此引出的情感也往往具有不合理性。以爱的情感为例，如果这种情感是由片面的经验引出的，那么，一个人很可能会一叶障目，将他看到的东西认作最好，并爱上这个东西；而当他看到别的更好的东西，又会见异思迁，爱上别的东西。如果这种情感是由听到别人的意见引出的，那么，一个人的爱很可能是盲目的，就像儿子不加思考地爱父亲喜欢的东西一样。

推理的知识

这种知识建立在理性推理的基础上，因此是真实可靠的。我们由这类知识可以得到四种效果：第一种效果是，它可以告诉我们一件事情应当是什么，但不能告诉我们一件事情实际是什么。譬如用前面提到的关于事物比例关系的例子来说，它可以推出事物之间的比例关系，却不能使我们知道事物实际是什么。第二种效果是，它为我们提供了一种清楚的知识，依据这种知识我们可以达到对神的爱。第三种效果是，它可以给我们提供关于善和恶的知识，从而指明哪些情感是应当克服的。第四种效果是，它可以使我们知道真和假，知道什么是真理什么是谬误。

虽然推理的知识可以达到如上效果，但由于它达到这些效果的方式是通过提出某种理由使我们相信某事，因而使我们对事物的理解是"间接的"，不能使我们与要认识的事物"直接"结合。譬如，第一种效果使我们相信某些事物的比例关系，但这种比例关系属于我们之外的事物，与我们没有内在联系。第二种效果可以使我们达到对神的爱，但这种爱不是由我们内心直接产生的，而是根据某种推理来确定的，因此它不在我们心内，仍在我们之外。第三种效果可以使我们知道什么是善、什么是恶，可是这项知识只与人的特定看法相关，与自然的本质并无关系，因为"自然中既没有善也没有恶"，我们不能妄说自然事物在本质上是善的或恶的。第四种效果可以使我们分辨真理和谬误，但真理和谬误只与我们对某个事物的肯定或否定有关，当我们对某个事物的肯定或否定与该事物相符合，那么它就是真理，否则就是谬误。问题在于，这里的肯定和否定只是不同的思想样式，它们之间只有理性的区别，而没有实际的区别，甚至一个人实际上已经陷入了谬误，却仍然会认为自己掌握了真理。

直观的知识

与上述两种知识不同，直观的知识既不依赖于靠不住的传闻和经验，也不依靠间接的推理，而是将对象直接呈现于理智，使心灵能够"直接"把握对象，达到与对象的真正"结合"。由此达到对对象的真正的爱。就此可以说，一切真爱都是从真知识发源的。

在上述中，斯宾诺莎总是谈到心灵与对象的"结合"，这里的"结合"是什么意思呢？在斯宾诺莎看来，人认识对象的过程就是心灵与对象结合的过程，所谓心灵与某个对象的"结合"，就是指心灵在认识某个对象，获得关于这个对象的"真知识"。任何认识都趋向于这种"结合"，但由于认识的方式不同，最后的结果也大相径庭。意见的知识经常出错，因此无法使心灵达到与对象的"结合"；推理的知识虽然没有错误，但它只是达到"真知识"的"阶梯"，它可以为我们提供"真知识"的信息，却不能使我们与对象真正"结合"；最后，只有直观的知识能够使我们达到与对象的完全"结合"，因为由直观获得的知识正是关于对象的"真知识"。当我们在知识上达到与对象的"结合"，由知识引出的情感也会与相应的对象"结合"。以爱的情感为例，当理智判定出某个对象是好的、有益的，就会引出对这个对象的爱；爱这个对象，就是"欣赏"这个对象，就是要与这个对象合而为一，构成一个整体。

认识的对象有千千万万，有的是暂时的，有的是永恒的，有的是派生的，有的是本质的，那么，与不同对象"结合"会带来何种不同的后果呢？我们因而应当与哪种对象"结合"呢？显然，我们不应与暂时的东西"结合"，因为它们本身就是虚弱的，与它们"结合"对我们有害无益，就好像要一个腿残的人背起另一个人，不但他背不动，还可能将那个人摔伤。名誉、财富、享乐就属于这类暂时的对象，谁爱它们谁就会倒霉。有的对象虽然是永恒的，但它们的永恒不是出于它们自身的本质，而是出于它们所依赖的神，它们只是神的样式，分有了神的永恒。换句话说，在认识和情感的各种对象中，只有神在本质上是永恒的、完满的。对象的性质和知识的性质是对应的，对象愈完满，我们的知识也愈完满；神是最完满的，是一切知识之因，所以，当我们以神为认识的对象，与神"结合"的时候，我们的知识也就最完满。而人的情感又是与知识对应的，最完满的知识必然带来最伟大的爱，这就是我们对神的爱。至此我们也可以明白，为什么斯宾诺莎关于知识与情感的论述总会引导到爱上，其主要原因就在于，在人的各种情感中，只有爱才能使人接近于神，只有通过对神的爱才能使人与神合为一体。而更重要的是，认识神，爱神，给我们带来的不仅仅是知识和情感上的满足，它还是人的最大幸福和快乐之所在，是人生追求的最高目标，只有在与神的"结合"中，一个人才能成为"完善的"人。斯宾诺莎始终把人类的幸福当作追求的目标，在他看来，这个目标只能通过人与神的"结合"而得到实现。

三、情感与道德

情感不但由身体状态的变化引起，它反过来也对身体发生促动作用，它使人根据情感的要求做出各种行为，其中对人的社会生活最有意义的是道德行为。也就是说，情感是与人的道德生活相关的。道德生活中的首要原则是弄清什么是善，什么是恶，并以此来指导我们的生活，规范我们的行为。

什么是善？什么是恶？根据斯宾诺莎的自然的统一性原理，实体、神、自然是一回事，在这个统一的世界中，一切东西都是依据其本质而必然存在的，因此是绝对完满的、和谐的，既没有什么东西因为是善的而应当保留，也没有什么东西因为是恶的而应当消除。当我们觉得自然中有混乱，那是因为我们只看到了个别事件的个别原因，但从整个自然看，它们都按照自然的法则存在于这个世界中，并无好坏、善恶之分。所以斯宾诺莎说："上帝的完善恰恰在于，它给了一切东西，从最卑微的到最伟大的，以它们各自的本质，或更恰当地说，它将万物完善地纳入自己之中。"

那么所谓的"善""恶"观念是从何而来的呢？斯宾诺莎认为这些观念完全是人为了理解事物而创造出来的，是人的理性活动的结果。当我们说一个东西是善的或恶的，是就它们之间的比较而言的。譬如，我们说一只苹果坏了，是因为比较起来另一只苹果要好一些；我们说一个人坏，是因为比较起来另一个人要好一些。所谓的"善""恶"就是人在理性思维中用来表示事物之间这种"关系"的，而在自然中并没有这种关系，它们只是人的思想活动的产物，属于"理性的东西"，不属于"实在的东西"。斯宾诺莎还举了一个钟表的例子来说明这个道理：一个工匠造出一块钟表，如果他的意图是用这块钟表来准确报时，那么，若这块钟表做到了这一点，我们就说它是好的，否则就说它是坏的；而如果工匠的意图是不让这块钟表准确报时，那么，若这块钟表不能准确报时，我们就说它是好的，反之则说它是坏的。可见，"善、恶或者罪恶只不过是思想的方式，而绝不是事物或任何具有实在性的事物。因为自然中的一切事物和作品都是完善的"。斯宾诺莎断言"善恶不在自然中"。这样一来，人们所用的"善""恶"这两个词的意义也就与事物的本质无关了，它们只是表达我们的某种思想样式或概念而已。

斯宾诺莎将自然和神看成是一回事，如果从宗教神学的角度看，他的上述观点也回答了神学中所谓的"神正论"问题。这个问题问的是：如果神是善的、全能的，为什么它会允许恶的存在，或者说，它为什么有能力阻止恶的存在却不去阻止。"神正论"的任务就是要通过某种理论或证明，将神的至善、全能和世间恶的存在协调起来，维护神的公正。如果按照斯宾诺莎的观点，将善恶的问题与神的本质分开，善恶只是人的思想观念，而不是实际存在的东西，那么神的至善、全能和公正就得到了维护。这里关键的一点是，要从哲学上而不是从神学上思考恶的性质以及与神的关系问题。斯宾诺莎在给他的朋友布林堡的一封信中以古代罗马皇帝尼禄弑母的罪恶为例阐述了他的观点，其意甚明，引录如下："那些构成邪恶、错误或罪恶形式的东西并不存在于任何表现本质的事物里，因而我们不能说神是它们的原因。例如，尼禄弑母这件事，就其包含有某些肯定的东西而言，并不是一种犯罪行为……那么尼禄的罪在哪里呢？这无非是说，尼禄由于这种行为表明他是忘恩负义的、残忍无情的、大逆不孝的。这些东西确实没有一个是表现本质的，因此神绝不是这些东西的原因，虽然它是尼禄的行为和意图的原因……当我们作哲学讲话时，我们绝不能采用神学上的表达方式。因为神学通常把神表现为一个完人。因此，说神欲望某些东西，神对不敬神的人的行为感到厌恶，而对敬神的人的行为感到喜爱，这是完全适合于神学的。但是在哲学里，我们清楚认识到，把使人臻于圆满的属性应用于神，其荒谬就如同要把象或驴臻于圆满的属性应用于人一样……因此当我们作哲学的讲话时，我们是不能说神要求某人做某事，或者某事使神感到厌恶或喜爱，因为所有这些都是人的属性，而神是根本没有这些属性的……我要说，如果就与神相关而言，善是指守法的人给神做了某些好事，偷盗的人给神做了某些恶事，那么我回答说，守法的人和偷盗的人都不能使神感到喜爱或厌恶。但如果就他们两者的行为都是真实的并且以神为原因而言，是否同样圆满，那么我回答说，如果我们单独考虑行为，就此而言，我可以说它们是同样圆满的。如果您追问偷盗的人和守法的人是否同样的圆满和完善，那么我的回答是否定的。因为所谓守法的人我理解为那种坚决想要每个人都能保存自己的人……敬神的人的这种欲望必然是从他们关于他们自己和神的清晰知识而来的。因为偷盗的人没有这种欲望，他必然缺少这种关于神和他自己的知识。"

既然善和恶只属于人的思想，那么，在人的思想观念中，什么是善，什么是恶呢？斯宾诺莎给善和恶下了两个不同的定义：一个定义是"所谓善是指一切的快乐，和一切足以增进快

108

乐的东西而言，特别是指能够满足愿望的任何东西而言。所谓恶是指一切痛苦，特别是一切足以阻碍愿望的东西而言"。这个定义是根据是否能引起快乐的情感做出的，因此可以称为"快乐论"的定义。另一个定义是"所谓善是指我们确知对我们有用的东西而言；所谓恶是指我们确知那阻碍我们占有任何善的东西而言"。这个定义是根据是否对人有用做出的，因此可以称作"功利论"的定义。斯宾诺莎为一个概念下了两个定义，这并不奇怪，因为如上所说，善恶的概念本来就是相对的、因人而异的，这两个定义恰恰表明了人们思考这对概念的两个不同角度。

与善和恶的两个定义相对应，斯宾诺莎给出了判定善和恶的两个标准：一个是情感的标准，一个是知识的标准。他认为，我们判断一个事物是善的或恶的，不是先有了判断，然后才根据这个判断来欲求它或厌恶它，而是正相反，我们先对一个事物有了欲求或厌恶，然后才说它是善的或恶的。"每一个人都是依据他的情感来判断或估量，什么是善，什么是恶，什么是较善，什么是较恶，什么是最善，什么是最恶。"当然，由于情感是因人而异的，同一件事情在不同的人那里可以引起不同的情感，所以这个标准是相对的，不是绝对的或普遍的。判断道德善恶的另一个标准是知识的标准，即从知识上认定为对人有益的事物，就是善的，对人有害的事物，就是恶的。因此斯宾诺莎说，如果我们有了一个人性的样板，那么，所谓善就是我们确实知道有助于我们达到这个样板的东西；所谓恶就是我们确实知道会阻碍我们达到这个样板的东西。而且我们可以根据对善恶的认知，在行动中进行权衡，"两善相衡取其重，两恶相衡取其轻"。这完全是一个功利的原则。

虽然我们可以从情感和知识两方面来判定善恶，但正如前面考察情感与认识的关系时所说，认识与情感不是互相割裂的，而是紧密联系的，而且认识发生在情感之前，情感是认识活动的一个结果，所以作为判定善恶的标准，知识比情感更原始、更有优先性。知识是分为不同种类的，并非所有的知识都能胜任善恶的标准，譬如，意见是模糊的、不确定的，由它带来的情感也往往是不好的，所以显然不能用它来作为判定善恶的标准；而理性可以使人明白事理，可以向人指明什么是善，什么是恶，因而理性成为我们判定善恶的真正标准，"只有真信仰或者理性，才能使我们得到关于善恶的知识"。

指导人们道德生活的另一个原则是德性。所谓"德性"（virtue）是指人按照道德生活所应具有的品格类型和行为范式，它表现了人的行为的卓越性。或换个通俗的说法，具有何种德性就是指"你是个什么样的人"。关于什么是德性历来有各种不同的看法，斯宾诺莎的高明之处是从人的生存本性上说明德性的源泉，从而将德性建立在某种形而上学思考的基础上。他认为，人的本质就是"努力"保持自己的存在和力量，人的德性就根植于人的本质之中。所以他说："德性不是别的，只是按照一个人自己的本性的法则而活动，每一个人只有按照他本性的法则，才能努力保持自己的存在。"他还说："保存自我的努力是德性的首先的和唯一的基础。我们无法构想任何比这个原则更优先的基础，没有这个基础任何德性都不能被构想。"正是根据这个原理，他在关于德性的定义中说："我把德性和力量理解为同一个东西。"这里所说的"力量"就是指人保持自我存在的"努力"。有些哲学家将德性当作达到某种目的（譬如幸福）的手段，斯宾诺莎则不同，在他看来，德性既然体现了人的本质，那么，它本身就是人追求的目的。"追求德性乃以德性自身为目的。没有任何东西作为我们追求的目的能比德性更优越、对我们更有用。"

人的本质是"努力"保持自己的存在和力量，为了实现这一本质，人必然要追求有利于自己的东西。由于人们的利益各不相同，甚至是相反的，所以，人们往往会为了争夺利益而发生冲突。而且，人们在情感上也有相似情况。根据情感原理，人们的情感是因人而异的，当人们为各自的情感所激动，他们在本性上就不能和谐一致，在行动上就会互相反对。比方说，某甲所爱之物是某乙所恨之物，或者某甲所爱之物也是某乙所爱之物，这时他们就会因为对该物的情感相反而互相伤害，或者因为都想独享对该物的情感而发生冲突。由此可见，人的利益和情感是私人的，正由于人们只考虑自己的利益和感受，而不考虑他人，才造成了人们之间的冲突和对立。显然，这种冲突和对立不是斯宾诺莎所希望的。那么，这个问题如何解决呢？在此，斯宾诺莎同样诉诸人类理性。有些哲学家坚决反对自爱和自利，将它们看成是万恶之源。斯宾诺莎却不这么看。他认为，从人的本性上说，爱自己，追求自己的利益，完全符合人"努力"保持自己存在的本质，因而是必然的真理，是理性的"真正要求"。不过，他并没有陷入绝对的自爱论和自利论中。他认为，虽然人在利益和情感上是自私的，但人还有社会性的一面，人本质上是"社会的动物"，因此人只要遵照理性的指导，就会看到，他们所追求的东西，也就是别人所追求的东西；人要保持自己的存在，最有价值的事情，就是力求所有人都和谐一致，使所有人的心灵和身体都像一个人的心灵与身体一样，都追求全体的共同利益。这样，斯宾诺莎就将人的利益和情感的"私人性"与"社会性"在"理性的指导"下统一了起来。在他看来，人要成为真正有德性的人，就是"要在寻求自己的利益的基础上，以理性为指导而行动、生活、保持自己的存在"。当然，仅仅用抽象的"理性指导"来说明人的"私人性"和"社会性"的统一，显得过于简单了，因为这个问题已经涉及人类社会政治生活的更广泛领域，具有更深层的理论蕴涵，不是仅凭对几个道德概念的梳理就能说清的。斯宾诺莎对这些问题的更深入论述，我们在后面介绍他的社会政治思想时还会谈到。

情感的力量在于能促使人采取某种行动。由于情感的性质不同，好的情感能使人采取有利于保持人的存在的行动，坏的情感能使人采取不利于保持人的存在的行动。所以，如果一个人分不清情感中的善恶，完全被情感所支配，他就不能趋善避恶，无法只做善事，不做恶事。这时人就成了命运的奴隶，这就是斯宾诺莎所谓的人的"受奴役"状态。要克服这种"受奴役"状态，首先必须弄清情感的性质和力量，分清善恶，然后必须找出控制和克制情感的办法。这是斯宾诺莎情感理论中的两个主题。前面我们已经阐明了斯宾诺莎关于前一个主题的论述，下面看一看他关于后一个主题是怎么说的。

斯宾诺莎认为，要克制或消灭一个情感只能通过另一个相反的、更强烈的情感才能做到，就像某一种效果只能用相反的同一类效果来抵消一样。心灵的力量为知识所决定，知识对情感有决定作用，所以通过知识的运用可以达到控制和克制情感的目的，只不过这时的知识应当以情感的方式表现出来。在三种知识中，意见不能用来判定善恶，同样也不能用来克制情感；理性可以告诉我们什么是善，什么是恶，因此可以使我们不至陷入坏的情感。可是要真正摆脱坏的情感，必须在真知识的阶段才可能，因为只有在这个阶段上，我们才真正与神"结合"在一起，"真知识是使我们摆脱罪恶的神恩"。

当人克服了"受奴役"的状态，就获得了自由。自由是人类追求的一个生活目标。我们在前面第三章讨论神的性质时曾说过，斯宾诺莎认为神是自因的，万物都在神内，都服从于神的必然性，所以万物只有必然，没有自由。可是，现在他又说人类应当追求自由，这岂不是前后矛盾了吗？实际上，斯宾诺莎说的是两个不同的自由概念。当他说在神（自然）中只有必然没有自由的时候，是就世界存在的本质结构说的，是指在世间万物以神为第一因的因果链条中，没有偶然性存在的余地，因而万物没有自由，只有必然。而当他说人以自由为生活目标的时候，是就人的理性能力说的，在理性的范围内，人有完全的自由，即"理性的自由"或"理智的自由"。而人的理性乃是根据事物的本质指导人的活动，归根结底依据于对神和自然的认识，因此它必定符合神或自然为事物确定的必然性，并以这种必然性为前提，在这个意义上，"理性的自由"与神或自然的必然性是一致的。斯宾诺莎在《神、人及其幸福简论》中给自由所下的定义就是指这样的自由。他说："我将人的自由定义为我们的理智通过与神直接结合而获得的一种牢固的实在性，使得理智能在自身内产生出观念，并在它自身外产生与其本性完全一致的结果，不过，这些结果不受任何外在原因的影响，以致被外在的原因所改变。"

当人在理性的指导下生活，就能够控制和克制自己的情感，做他认为对人生最重要的事，追求他最愿意追求的对象，从而与只受意见和情感支配、对自己的所作所为茫然不知的人区分开来。斯宾诺莎将前一种人称作"自由人"，将后一种人称为"奴隶"。斯宾诺莎用很大篇幅描述他所认为的自由人是什么样，刻画出他理想中的人格形象。譬如，他认为自由人绝少想到死亡，他们将智慧用于对生的思考；自由人在避开危险和克服危险方面可以表现出同样伟大的德性；生活在无知人群中的自由人将尽力避免接受他们的恩惠；唯有自由人之间才能真诚地互相感恩；自由人绝不做欺骗之事，他的行为永远是正直的；自由人遵从国家的法律制度而生活，要比他独往独来的生活更自由。

人追求自由必须以理性为指导，但在知识的三分法中，理性的知识仍然是阶段性的，它只是通往真知识的"阶梯"。真知识是知识的最高阶段，心灵依据真知识来理解事物是心灵的善和德性的表现。而心灵所能理解或认识的最高对象是神，所以对神的认识是"心灵的最高的善和最高的德性"，它具有"永恒性"。那么，对神的认识的永恒性从何而来？为说明这个问题，我们必须说一下第三种知识的时间性和永恒性：

1. 当我们的心灵根据第三种知识来认识实际存在的事物时，由于此类事物的存在是暂时的，因而就使心灵对它们的认识有了"时间性"（因而我们说心灵具有"绵延"）。

2. 可是，事物除了表示其受时间限制的性质以外，还有不受时间限制的"本质"。这些"本质"既然不受时间的限制，因而就是"永恒的"。

3. 万物皆出自于神，所以事物的"永恒的""本质"必定包含在神之内，关于这些"本质"的观念也必定包含在神之内。

4. 当心灵以"永恒的"方式来认识事物，也即通过神的本质来认识事物时，就使这种认识成为"永恒的"，从而使心灵也成为"永恒的"。

5. 当"永恒的"心灵以"永恒的"方式来认识事物时，也就必然认识了神，拥有了对神的知识，因为"永恒"是神的本质。

6. 因而，依据第三种知识对神（也包括体现神之本质的心灵和其他事物）的认识具有"永恒的"性质。

根据这个道理，斯宾诺莎说明了什么是灵魂不朽。他认为，如果构成心灵的观念是关于现实存在的身体的，那么，由于这个身体是有时间性的、暂时的，所以心灵中的观念会随着身体的变化而变化，当身体消灭了，灵魂也就消灭了。可是当心灵中的观念依据神的必然性获得了对事物和神的"永恒的"认识，并且这种认识占据了心灵的绝大部分，心灵就变成永恒和不朽的。显然，斯宾诺莎是在思想永恒的意义上理解灵魂不朽的，与宗教神学中宣扬的灵魂来生转世的概念完全不同。这也是他理解灵魂不朽的唯一可能的方式：因为他不承认灵魂是实体，所以在他看来，灵魂以实体的方式永恒存在是不可理解的。

　　斯宾诺莎认为，当我们依据真知识认识了神，也就必然会产生对神的爱，因为爱总是由知识而生的。最高级的知识必然产生对神的最高级的爱，这是一种"理智的爱""永恒的爱"；这种爱不是被动的情感，而是主动的情感。人通过对神的认识而爱神，恰恰也就是神借人的心灵而爱自身；神对自身的爱也就是对人类的爱，"神爱自身，也就是爱人，因而，神对人的爱，与人对神的爱是同一的"。于是，在人与神的互爱中，最终由于神的爱，人得到了拯救、自由和幸福。

　　以上所述，概括了人的知识、情感和幸福协调发展的三个阶段：在意见的阶段，人只有模糊的经验知识，这使得人的情感是盲目的、不受控制的，人只能生活在"受奴役"的状态中；在理性的阶段，人得到了真信念的知识，因而能控制和克制自己的情感，使自己过上"自由的"生活；在真知识的阶段，人借助直观，达到了对神的爱，并在与神的结合中得到最大的幸福。

　　这就是斯宾诺莎通过对人性的思考而得出的结果，这就是他为实现人类幸福所设计的理想蓝图。

第 6 章

《圣经》解释学

解释学是现代西方哲学中的一个重要思潮，它主要关心的是对各种文本的理解和解释，以阐明它们的意义。这里的文本可以是狭义的，专指文字文本，也可以是广义的，将语言表达、艺术作品、意识现象、社会事件等都看作是"文本"，但最通常的是指狭义上的文本。对文本的理解和解释几乎随着文字作品的产生就出现了，譬如在西方古代就有对荷马史诗的解释性研究。不过使解释学成为一种系统的方法和理论学说，是与对法律典籍和宗教经文的理解和解释相联系的。尤其在以神学文化为特征的西方社会，如何理解和解释基督教的《圣经》，甚至成为影响思想意识形态和社会结构变化的重要因素。在古代，对《圣经》的解释即已形成不同的学说，统称为"解经学"。在中世纪，教会为了维护对社会的精神统治，将自己说成是解释《圣经》的权威，按照教会的需要解释经文的意义。文艺复兴时期，基督教人文主义者和宗教改革家从重新理解和解释《圣经》入手，向正统神学挑战，颠覆了作为封建统治精神支柱的教会权威，为后来的社会变革作了思想准备。不论解释学在当今取得怎样的深入发展，乃至成长为一个独立完整的哲学学科，但它的许多原则和方法仍然可以追溯到早期的《圣

116

经》解释学。18、19 世纪之交的施莱尔马赫（F. E. D. Schleiermacher，1768～1834）是公认最著名的《圣经》解释学家，他将《圣经》解释学系统化了，但人们都不否认，此前的许多学者都为《圣经》解释学的完善作出了贡献，斯宾诺莎就是其中最有影响的人物之一。

斯宾诺莎的《圣经》解释理论主要是在《神学政治论》中阐述的。如前所述，他曾在给一位朋友的信中说，他写这部书是为了反驳神学家们的偏见，肃清他们的影响，为思想自由辩护。也就是说，他对《圣经》的解释不单单是为了弄清某些经文的含义，而是要从对经文的解释出发，批判宗教观点的荒谬和教会对思想自由的压制，最终要达到为思想自由争取权利的目的。显然，对于斯宾诺莎来说，这项工作不同于对宗教和教会的直接揭露和批判，它首先是一项学术工作，是以神学为内容的学理研究，它的结论不是凭空臆想出来的，而是从这一研究中引出的，它建立在充分的文本根据和思辨分析的基础上。因而，斯宾诺莎对《圣经》的解释就成为一个系统的理论学说，它不但涉及大量文本考据，还提出了一整套解释学的原则和方法。这些不但成为后来《圣经》解释学的财富，也为丰富解释学的一般原理作出了贡献。

一、《圣经》解释的基本态度

在《神学政治论》的"序言"中，斯宾诺莎批评了教士们在解释《圣经》时的不正确态度。他指出，虽然教士们承认对《圣经》中的许多神秘之处需要解释，但为了避免离经叛道之嫌，他们只知道大肆宣讲柏拉图和亚里士多德等古代哲人的观点，牵强附会地将《圣经》与之相联系，甚至让《圣经》中的先知们也像那些古代哲人一样胡言乱语；因为他们丝毫不知《圣经》的神圣本性，所以他们越是狂热吹捧《圣经》的玄妙，越说明他们对《圣经》缺乏真正的信念，只有卑屈的顺从；更荒唐的是，他们在研究《圣经》之前就定下一条规矩：《圣经》的字字句句都是神圣不可侵犯的真理，从而将通过研究得出不同结论的一切可能性都扼杀了；他们蔑视和诅咒理性，将理性看成是亵渎神明的罪魁祸首，将所谓的权威之见当成神圣的经典，将轻信无稽之谈当成真正的信仰；他们解释《圣经》的真正意图，是为了兜售自己的臆造胡说，给它披上神圣的外衣，招摇惑众；当他们的观点受到质疑的时候，他们又处心积虑地加以掩饰，以维护自己的权威。而上述行为造成的后果，就是在所谓宗教仁爱和狂热的掩盖下，人们陷入无休无止的争论和仇恨，甚至引起社会的分裂和动乱。

斯宾诺莎认为，要克服由于对《圣经》的不恰当解释所带来的种种恶果，就必须对《圣经》做出新的解释。《圣经》是基督教的经典，包括《新约》和《旧约》两部分，篇幅浩繁，内容众多。斯宾诺莎没有对全部经文一概解释，而是选出《旧约》中有关先知和预言的部分作为主要的解释对象。他的这一选择非常适合他理解圣经真义、批判神学荒谬性的目的。因为首先，《旧约》是从犹太教《圣经》继承下来的，其中大量描述了犹太人的历史和宗教观，对此斯宾诺莎早就熟悉并作过深入研究，具有充分的发言权；其次，作为传达神的启示的载体，《旧约》中神的启示主要是通过先知们的预言转述出来的，它构成了经文的核心内容。要理解上帝的真理，就必须理解先知们的预言，从预言入手解释经文，是把握《圣经》实质的捷径；最后，先知们在接受、理解和转述神的启示时，不可避免地会受到他们的自身条件、时代环境、表达方式等的影响，使他们的预言出现含糊、歧义和费解之处，神学家们正是借此对预言肆意歪曲以售其奸。而对预言进行解释，弄清经文的真义，是对神学家们针锋相对的反驳，具有强烈的批判意义。还应注意的是，虽然斯宾诺莎以《旧约》中的预言作为解释的主要文本，并称由于不擅长希腊文而不能对《新约》作深入探讨，但他并未完全将《新约》排除在外，而是经常对两者作出比较。譬如在《神学政治论》的第十一章，他首先肯定《新约》中的使徒也是预言家，然后对先知和使徒传道的方式作了比较，认为先知是借上帝的启示来发号施令，而使徒是根据自己的理性论证来宣传神意，使徒的作用与其说是预言家，不如说是"教师"。使徒们的论证可以通过人的正常理智来理解，而先知们的预言却很难用理智来把握，因此对预言进行解释就显得更加必要。这也是斯宾诺莎着重解释《旧约》而不是《新约》的一个重要原因。由此可见，虽然斯宾诺莎的解释主要放在《旧约》上，但也对包括《新约》在内的整个《圣经》的特点作出了概括。就此而言，应当说他对《圣经》的解释是很全面的。

二、《圣经》解释的原则和方法

对《圣经》的解释应当采取什么样的原则和方法呢？这是斯宾诺莎的《圣经》解释学中最核心的问题，因为不同的方法代表了解释的不同视角和取向，从中可以得出不同的理解和结论。在某种意义上，解释学就是研究解释方法的学问，尽管后来一些哲学家超出方法的范围，将解释学提高到现象论、存在论和普遍哲学的高度，但方法问题始终是贯穿于其中的主要论题之一。当然，斯宾诺莎的解释方法又是与他的整个思想体系相联系的，是他的形而上学和认识论原则在《圣经》解释中的体现。概括而言，通过对预言的分析和解释，斯宾诺莎提出了《圣经》解释学的以下主要原则和方法：

《圣经》解释学的本质是认识论

如我们所知，斯宾诺莎重视认识论，并试图从认识论出发解决全部哲学问题。与此相联系，他对《圣经》解释学有一个基本的思想，即认为对《圣经》的解释同对自然的解释一样，本质上是一个认识论的问题。在他看来，对自然的解释以自然为对象，其目的在于获得关于自然万物的知识；对《圣经》的解释以《圣经》的经文为对象，其目的在于获得关于启示的知识。当然，就神与自然是同一个东西而言，两种知识都来自于神，都是神圣的，并无高下之分。之所以将对《圣经》的解释和对自然的解释区分开，是因为两者的表现方式不同，使人们对它们的理解和接受也不同。就对自然的解释来说，自然现象是向人直接表现出来的，人具有解释自然现象的理性能力，这种能力是神恩赐给人的，是人心具有神性的表现，它不但能使人对自然现象作出解释，而且也使人易于理解和接受这些解释。可是，对于《圣经》情况则不同，神的意旨不是神直接启示给所有人的，而是先启示给先知，然后由先知以预言的方式向人们转告，成为预言的知识。斯宾诺莎通过对《圣经》的研究证明，这种预言的方式与对自然的研究不同，人们由此接受启示的方式也与接受自然知识不同。于是，对《圣经》的解释和对自然的解释就因为认识对象的不同特点而成为两个不同的知识领域，并因而具有不同的根据、目的和方法。尽管如此，它们处理的仍然是与知识相关的各种问题，这些问题可以通过认识论的研究来解决。

解释《圣经》的方法与解释自然的方法的一致性

虽然《圣经》的预言知识与自然的知识不同，具有与后者不同的认识根据、目的和方法，但是作为对预言知识本身的研究，即把先知们的预言作为对象进行研究的时候，所依据的方法却与自然的知识是一样的，这就是理性的方法。这里涉及理性运用的一个划界：即对于预言本身而言，因为它不是以理性的方式表现出来的，所以不能将理性的原理套用到它之上，赋予它以理性的含义；而另一方面，就预言作为解释对象而言，因为人是理性的动物，所以对预言的理解和解释必须依靠理性，舍此不能得出符合理性的结论。作为崇尚自然科学的理性主义哲学家，斯宾诺莎同对待其他哲学问题一样，认为自然科学的理性方法是普遍适用的，可以用于对《圣经》的解释，他坚持解释《圣经》的方法与解释自然的方法的一致性。他断言："解释《圣经》的方法与解释自然的方法没有任何差别，实际上它们是完全一致的。"根据他关于神与自然同一的形而上学观点，他的这个看法很好理解，因为既然神与自然是一回事，神意与自然规律是一致的，那么，对于传达神意的《圣经》，当然可以用解释自然的方法来解释。

在解释《圣经》时运用理性的方法，就要求对经文中每一个概念、情节、论断的解释都毫无例外地以理性作为判别真伪的标准，任何解释都不能与人类理性的成果，即自然科学知识相违背。当经文的意思与自然科学知识不符合时，就应当根据自然科学的原理进行纠正或作出新的解释。譬如，从先知们的许多预言可知，他们认为地球是不动的，太阳围绕太阳旋转，并且可以根据神意停在天上不动，而天文学的研究证明，这一看法是完全错误的；又如，《圣经》中提到许多神迹，像祈祷使土地肥沃，信念使瞎子复明等，也都是没有科学根据的。对于《圣经》中的类似叙述，必须进行理性的分析，或者认为是先知们的误解，并进而作出合理的解释，或者认为经文本身就是错误的，必须予以清除。斯宾诺莎说："如果发现《圣经》中有任何事情能确凿证明是违反自然规律的，或不能从自然规律中推出的，我们就必须认为这是由渎神之徒塞进《圣经》的；因为凡是违背自然的东西都是违背理性的，凡是违背理性的东西都是荒谬的，因此应当抛弃。"

斯宾诺莎认为，在各种认识方法中，最好的方法是几何学的演绎法，即运用人的理性能力，从普遍的原理推出特殊的结论。这种方法的优点在于，它不但能保证推理结果的确实性，而且能有效排除一切没有根据的臆想和妄断，因为凡是不能从普遍前提推出的结论，都被认为是靠不住的。如前所述，他也把这种方法称作"综合的方法"或"定义的方法"。他认为这种方法是解释《圣经》的"唯一正确的"方法。

理性演绎方法要求从一些明确的定义（或公理）出发进行推理，因而定义的确定对于这种方法的运用是至关重要的。《圣经》解释中的定义从何而来？斯宾诺莎认为，自然事物的定义来自对自然本身的研究，同样，《圣经》解释中的定义来自对《圣经》本身的考察。他说："如同自然并未给我们提供自然物的定义一样，《圣经》也未给我们提供它所说之事的定义。因此，正如对自然物的定义必须从自然的各种活动中推出一样，对《圣经》所说之事的定义也必须从《圣经》涉及特定问题的各种叙事中引出。由此我们就有了一个解释《圣经》的普遍规则：即决不能将没有经过仔细研究和明白确定的学说强加于《圣经》。"譬如，斯宾诺莎对《圣经》的解释主要以先知的预言为对象，因而他在《神学政治论》的开篇第一章就为预言和先知下了定义，称"预言或启示是神向人默示的关于某些事情的确实知识"，"先知是向那样一些人解释神的启示的人，那些人不能获得关于启示之事的确实知识，因而只能靠单纯的信仰来相信之。"这两个定义将预言的性质和先知的作用确定了下来，成为斯宾诺莎的一切解释的基础。又如，斯宾诺莎在讨论"神法"（第四章）时，也首先确定了与《圣经》解释相关的"法"的定义，称法"是人出于某种目的为自己或为他人制定的生活法则"。在这一定义的基础上，他又将"法"分为"人法"和"神法"两种，并阐明之所以称后者为"神法"，是因为它与至善，即对神的"真知"和"真爱"相关，从而证明"神法"的作用是使人得福，教人过纯正生活，它不是外来的，而是天赋的，可以从人的本性中演绎出来，对一切人都普遍适用。以此为依据，他进而说明了先知将神当成立法者，无非是为了加强教义的宣传效果，并得出结论：预言故事的真相和所说的宗教仪式与人的幸福没有必然联系。

《圣经》解释的客观性条件：《圣经》是解释的唯一文本

对自然的解释必须以自然为唯一的对象，这样才能获得关于自然现象的正确知识；同样，对于《圣经》的解释必须以《圣经》为唯一的文本，这样才能获得关于经文意义的真实知识。在《圣经》解释学理论中，解释对象的唯一性是保证经文解释的客观性和权威性的前提条件。以《圣经》为解释的唯一文本，这是由《圣经》文本的性质和特点所决定的。也许在对其他文本的解释中，我们可以根据资料的考证或收集，或根据作者其他著作的类比，对原文作出修正、变更或推定，但对于《圣经》文本这是不允许的，也是不可能的。因为《圣经》传达的是神的启示和意旨，而且这些启示和意旨主要是用叙事的方式表述出来的，除了亲聆启示的先知们的记载，没有别的来源。所以，《圣经》不但是神圣的，而且是唯一的。因此，只有将《圣经》作为解释的唯一文本，既不更改，也不增减，严格以经文作为取意的依据和判定的标准，才能使《圣经》的解释成为客观的、纯正的，才能真正符合它的本来意义。所以斯宾诺莎说："必须将我们的讨论限于只从《圣经》中引出的东西。因为，除了由先知的话或作品传达给我们的东西以外，我们对超出我们理智范围的事情又能说什么呢？而且，据我所知，现在我们中间已经没有先知在世，所以我们唯一能做的，就是细读古代先知给我们留下的圣书，不过要注意的是，不要用隐喻来解释先知，不要把先知本人未明确说过的话加到先知身上。"以《圣经》为唯一的文本，不但是就《圣经》的整体说的，也是就经文的具体解释说的。当某段经文模糊不明，需要考据和印证的时候，只能依靠《圣经》中的其他经文，而不能援用《圣经》之外的其他文本，更不能有先入之见。即使一段经文与理性相违背，在无法弄清其真正含义的情况下，也只能保持其字面意思，决不能妄下论断和推测。从实践目的上说，斯宾诺莎将《圣经》作为解释的唯一文本，主要是为了反对和防止经院学家和神学家利用各种"外典"或所谓的权威文献对《圣经》的曲解和滥用。

《圣经》解释的历史主义方法：经文的意义囿于历史语境之中

《圣经》的内容以古时候发生的故事为主，这些故事经人记载和书写下来，构成经文的主体。由于经文的形成是一个历史的过程，不但年代久远，而且辗转流传，所以其意义和表达往往含混不明，甚至前后矛盾。要弄清这些经文的真义，任何脱离其形成过程的猜测都是不恰当的，唯一可行的办法就是将它们放到形成它们的历史过程中去理解，它们的意义就囿于相关的历史语境之中。这就是斯宾诺莎所提倡的《圣经》解释的历史主义方法，他称之为"对《圣经》的历史研究"。在一般的解释学理论中，历史主义的方法并不陌生，因为它着眼于文本的发生学过程，能够最贴近文本的历史真实性，所以往往是人们在解释历史文本时首先考虑的方法。斯宾诺莎在解释《圣经》时，将这种方法运用得细致入微、淋漓尽致。他认为，对《圣经》的预言书进行历史研究时，应当说明与全部预言书有关的历史环境，提供各卷作者的生平、特点、经历方面的情况，弄清他是何人，在何种情形下，在什么时间，为何人，用何种语言写下经文；各卷经文的后来遭遇如何，最初是如何被人接受的，落入谁手，有多少不同文本，由谁决定将其收入经典，各卷又如何被合编为一体。通过这种研究，有助于弄清哪些经文被当作律法，哪些经文是道德说教，哪些经文有永恒意义，对全人类有利，哪些经文有暂时意义，只对少数人有利，避免将它们混淆起来。而且，经过历史的辨析和梳理，还可以对经文本身的资格和真实性作出判断，弄清它们是否有"伪作"混入其中，是否因而带来了错误，这些"伪作"或错误是否被后来的学者们鉴别和纠正。所有这些都是为进一步解释经文所作的必要准备。斯宾诺莎说："我们需要所有这样的材料，以便使我们只接受确实的、无可争议的东西，不盲目轻率地将我们面前的任何东西都认为是理所当然的。当我们对《圣经》做了这样的历史说明，对未经这样研究而来的任何东西，对不能非常清楚地从这一研究中推出的任何东西，都坚决否认它们是不容置疑的先知学说，只有在这个时候，我们才能着手研究先知和圣灵的意义。"

《圣经》解释的语言学维度：希伯来文的理解和运用

《圣经》是用文字表述的，对经文意义的解释，在很大程度上取决于对《圣经》语言的理解和把握。根据语言本身的特点来解释文本的意义，也是解释学的常用方法，尤其当某一文本出现了不同语言的译本时，译文与原文的意义等价以及翻译的确定性和可能性问题，就成为解释学中不可回避的问题。斯宾诺莎是在《圣经》解释学中特别强调从经文原始语言的角度考察经文意义的思想家之一。他说："既然《旧约》和《新约》的作者都是希伯来人，那么，对希伯来文的研究无疑一定是极其必要的，这不但对于理解用希伯来文写成的《旧约》是如此，而且对于理解《新约》也是如此。因为尽管后者是用别的语言发表的，但其习语是希伯来文的。"

斯宾诺莎这里所说的希伯来文是指古代犹太人使用的语言，而非19世纪"复生"后的希伯来语。《旧约》原用希伯来文写成，后来译成希腊文和拉丁文流行，《新约》则一开始就是用希腊文写的。文艺复兴时期的人文主义者和宗教改革家同样要求从《圣经》的原始语言解释经文，但他们大多指的是从希腊文入手，而像斯宾诺莎这样从希伯来文研究《圣经》的却是凤毛麟角。这首先是由于人们对希伯来文缺乏了解所致。按斯宾诺莎所说，古人没有留下任何关于希伯来文的词汇、语法和修辞的书籍；除了少数几本希伯来文书籍和一些只言片语外，关于动物、植物的名词一无所存，见于《圣经》的许多名词已无从查考或存在争议，《圣经》中经常使用的许多希伯来短语、成语和习语的用法也无法确定。而且，希伯来文在发音、一词多义、动词用法等方面与欧洲其他语言有很大差异，加之不用标点符号，这些都为准确理解经文的原意带来了极大的困难。因而斯宾诺莎将缺乏希伯来文知识称作《圣经》的客观历史解释所面临的"第一个重大困难"，他甚至声称，由于希伯来文法和性质上的含糊不明，要把《圣经》中所有句子的意思都弄清楚是不可能的。

斯宾诺莎能从原始语言入手解释《圣经》，得益于他深厚的希伯来文知识和造诣。在某种意义上，他后来的未竟之作《希伯来语法》也是为了正确理解《圣经》而写的。在斯宾诺莎对《圣经》的解释中，语言分析和语义甄别发挥了重要作用。斯宾诺莎举例说，《圣经》中的有些描述本来很平常，可是由于人们不了解希伯来文的用法，却误以为描写的是奇迹而大惑不解。譬如，《旧约》"撒迦利亚书"第十四章中说："那日，不是白昼，也不是黑夜，到了晚上才有光明"；又如"以赛亚书"第十三章中说："天上的众星群宿，都不发光，日头一出，就变黑暗，月亮也不放光"。这两段经文描写的似乎是天文奇迹，而实际上只是希伯来文述说事情成败的习惯用法：具体来说，前者是指战争将在夜晚取得胜利，后者是指巴比伦国的灭亡。此外，希伯来文还经常用比喻来表达意思，譬如，《圣经》上说神使法老的心变硬，是指法老脾气固执；说神将天的窗户打开，是指暴雨如注。如果不了解这些用法，就会造成歧义和误解。

三、《圣经》解释的主要结论

斯宾诺莎对《圣经》的解释既是为了弄清经文的原意，也是为了从中引出关于《圣经》的批判性结论。那么，他通过对经文的解释得出了哪些结论呢？概括地说，这些结论主要包括以下几点：

《圣经》不是统一的权威记述，而是混乱的历史编纂的产物。 对《圣经》各卷的历史研究表明，它们不是作为表达神意的至上命令而统一撰写的，而是在很长的历史过程中，由许多作者根据当时的不同情况，为了达到宣传教义、警诫世人的目的而写的，并因各种偶然因素编纂成集，成为圣典。譬如，可以证明，《旧约》的前十二卷不是出于摩西等古代先知之手，而是由后人编写的。其余各卷也由不同的作者根据不同的来源编撰而成，而且其材料多不健全，也没有得到认真的整理，而是胡乱地堆砌在一起，其重复、疏漏和错误比比皆是。《新约》也有类似情况。由此可见，《圣经》文本的真实性和可信性是大可怀疑的。斯宾诺莎承认他的这个观点有"颠覆《圣经》"之嫌，"因为根据这个论证，任何人都可以认为《圣经》到处都是错误"。但为了避免教会人士的攻击，他随后辩解说："由于我对这个问题的处理，我就防止了用《圣经》中清楚的、未被玷污的段落去符合错误的段落，以致使前者也被败坏，而这是对《圣经》有益的。而且某些段落的错误也不会成为根据，使我们对所有的段落都加以怀疑。"但不论怎样，经过斯宾诺莎的论证，《圣经》文本的神圣权威已经受到严重的挑战，而这正是斯宾诺莎所要达到的真实目的。

预言的知识是通过想象得到的，而不是通过理性得到的。 神向人传达启示有多种方式，除了通过理性传达自然的知识以外，还通过想象向人传达预言的知识。预言的知识可以用言辞和现象来表现，要获得预言的知识必须通过对这些言辞和现象的想象。想象与理性思辨不同：理性思辨处理的事情是深奥的，非一般人能够胜任；想象处理的事情是简单的，适合于普通人的理解力。预言的知识就是普通人通过想象来理解和接受的。激发想象的方式有多种多样，最常用的是比喻、寓言和生动的修辞，因此《圣经》中充满了各种各样的比喻、寓言和生动描写，神的启示或"道"就寓于其中。想象是飘忽不定、支离破碎的，不具有理智的明晰性和确定性，就此而言，预言的知识逊色于自然的知识，因为自然的知识本身就是确实的，预言的知识的确实性则需要用奇迹来证明，因此预言的知识总是有奇迹相伴随的。

先知只是以想象的方式接受和传达启示，其预言没有绝对权威性。先知也是普通人，只不过他们有生动的想象力，可以通过想象来理解神的启示，并同样以适合想象的方式向人们传达启示。先知有生动的想象力，却没有完善的智力，因而他们在深奥的自然科学知识方面是无知的，要从他们那里获得这类知识是不可能的。神根据先知有限的理解力来发布启示，并不向他们提供深奥的知识，先知们所做的预言都是与他们的理解力相适应的。由此可知，经院学家将经文复杂化，实际上是故弄玄虚，为的是兜售他们自己的荒谬观点。由于想象不具有确实性，先知要确信神的启示，就必须向神求助奇迹，用奇迹来确证他们的想象。先知是人，也有人的弱点，他们对神的了解并不深透，这使得他们的预言难免有误；先知的预言还受他们各自的性情、脾气和意见的影响，不同的先知由同一现象得来的预言往往会因人而异。因此先知的预言并没有绝对的权威性。

《圣经》的目的不是提供理性知识，而是使人服从和信仰神。《圣经》的目的不是告诉人以理性的知识，而是要通过生动的想象使人服从和信仰神。为了适合普通人的理解力和想象力，《圣经》所说之事都简单易懂，毫无深奥可言；为了使人信服，它完全依赖于对历史事件和奇迹的描述，并采取能够打动人心的叙述风格和修辞手法。"《圣经》只要求人的服从，它不责备无知，只责备固执。"人服从和信仰神，是因为神具有神圣的属性。神通过先知告诉人们，神的属性是公正和仁爱，并要求人们根据确定的行为准则来"模仿"神的属性。因此，一个人的信仰是否虔诚，不在于他相信什么教义，而在于他有什么样的行为：如果他的信仰使他服从神，践行公正和仁爱，那么，即使他相信的教义是错的，他的信仰也是虔诚的；如果他的信仰使他叛逆神，败坏公正和仁爱，那么，即使他相信的教义是对的，他的信仰也是不虔诚的。由此可以得出结论：只要一个人能践行公正和仁爱，他就是有虔诚信仰的人；如果有人借口教义的不同而迫害有虔诚信仰的人，那他就是基督的敌人。根据这个结论，任何迫害异端的行为都应当受到谴责。

宗教信仰与科学知识分开，神学与哲学互不干涉。由上述各点可知，《圣经》的目的是要人服从和信仰神，而不是追求真理。宗教信仰和科学知识彼此独立，没有联系。信仰以《圣经》为依据，科学以自然为对象，它们有各自独立的领域，站在不同的立脚点上，运用不同的方法，神学和哲学互不依赖、各行其是。因此，应当将神学和哲学分开，让它们各司其职，互不干涉，这就是斯宾诺莎通过《圣经》解释得出的最重要结论。这个结论不是空洞的、纯学理的，而是有强烈的现实意义。在宗教神学仍然严重禁锢人们思想的时代，它意味着，人有自由思想的权利，宗教无权干涉。面对宗教神学的肆虐和淫威，斯宾诺莎无所畏惧地提出："信仰应当允许每个人有哲学思辨的最大自由。"以此表达了启蒙时代新兴资产阶级的思想要求。

第7章

社会政治学说

　　斯宾诺莎的社会政治学说是他的整个理论体系的重要组成部分，与他的情感理论和神学批判有密切联系，或者说是从上述理论中直接引申出来的。斯宾诺莎在讨论情感和道德问题时谈到，人在利益和情感上是自私的，如果人只根据个人利害和好恶行事，人们就会因各自所求不同而陷入冲突和对立。如果人要过和平幸福的生活，就必须处理好人与人之间的关系，从整个社会层面上，也就是要处理好人的社会政治关系。斯宾诺莎说，人要和睦相处、实现共同利益，必须根据理性的指导而生活，那么，理性告诉我们什么了呢？斯宾诺莎的社会政治学说就旨在回答这一问题。《神学政治论》与社会政治问题的联系十分明显。该书的书名就提示出，它不是单纯谈神学的，而是将神学与政治联系起来，从神学出发谈政治。在该书中，当斯宾诺莎证明哲学应当与神学分开、哲学有思辨的自由之后，立刻话锋一转，认为接着应当研究的问题是："在一个运行良好的国家内，这种思想自由以及人们的畅所欲言能达到何种限度，而按照研究的顺序，我们应当首先讨论什么是国家的基础"，从而将他的论述转换到关于社会和国家的系统学说上。

　　现在一般将社会政治学说划归实践学科，因为它以人的政治实践活动为对象。虽然社会政治学说与人的生活实践密切相关，并为实践服务，但在斯宾诺莎看来，它仍主要是一门思辨科学，因此他一如既往地坚持用演绎推理的方法进行研究，并同样将人性作为推理的基本依据。他在《政治论》的"序言"中说："我在将注意力转向政治理论时，我的目的并不是要提出任何奇思妙想、闻所未闻的东西，而只是要用无误的、确凿的推理来证明与实践最为一致的东西，通过实际的人性来推出它们。为了能用数学研究中所见的无拘无束精神来研究与这一知识分支相关的问题，我将十分注意不像通常那样讥讽、抱怨、谴责人类的行为，而是去理解它们。因此，我把人类情感，诸如爱、恨、气愤、妒忌、骄傲、怜悯及其他心绪，不是看成人性之恶，而是看成人性的属性，如同热、冷、风暴、雷电等是大气的属性一样。"

一、自然权利与自然状态

要说明什么是国家的基础，当然不能从现存的国家开始，因为现存国家是经过长期的历史发展过程演变过来的，它不是研究的原始对象。要真正弄清国家的性质、作用和特点，必须从国家的起源说起。然而，最初的国家形成于遥远的过去，关于它们的确切情形，除了神话和传说以外，历史几乎提供不出任何实证的材料。于是，近代思想家们不得不诉诸"合理的假设"，设想出使国家得以产生的种种情形和条件，并以此为根据，推演出国家的性质和形态。霍布斯是近代第一个以这种方式提出系统国家理论的近代哲学家。他设想在人类社会早期的"自然状态"中，人们互不依附，人人具有获得一切东西并用一切手段保护自己的"自然权利"，在自私和贪婪本性的驱使下，人们为争夺物品而互相争斗，处于"一切人反对一切人的战争"之中。为了摆脱这种状态，人们根据"自然法"的规定，为了保证自己的切身利益和生命安全，通过订立"社会契约"的方式，将自己的权利转交给一个人或一群人，由他们作为主权者来行使人们的权利，于是就形成了由主权者和他所统治的人民组成的"国家"。在人类历史上是否真有"自然状态"存在过，人们是否天生赋有"自然权利"，国家是否真的根据"社会契约"而建立，这些对于思想家们的理论建构并不十分重要，因为它们至多只是思想家们的一个理论"约定"或"假设"，或用现代哲学的话说，是一个"思想实验"，他们关心的只是从中能引出什么样的结论。因此，在不同的思想家那里，由于他们的理论要求不同，上述假设的具体内容也不同。譬如，一个最明显的例子是，霍布斯认为"自然状态"是"人与人之间的战争"状态，另一位英国哲学家洛克则将"自然状态"看成是"人与人和平相处"的状态。

斯宾诺莎也接受了上述假设，将其作为研究的起点。他首先讨论的是人的"自然权利"概念。什么是"自然权利"？斯宾诺莎说："我所谓的自然权利（the right of Nature）只是指支配每一个体物本性的规则，根据这些规则，我们设想个体物被自然而然地决定以某种确定的方式存在和活动。"他举例说，自然决定了鱼在水中游动，大鱼以小鱼为食；于是，鱼在水中生活，大鱼吃小鱼就是鱼的自然权利。人同鱼类一样，也是自然物，人的本性和活动方式也是由自然规定的，并由此获得了自己的自然权利。人的自然权利与鱼的表现方式不同，但本质上是一样的，即努力保持自己的存在和活动力量，鱼是如此，人也是如此。这既是自然给人规定的本性，也是自然赋予人的权利。

神与自然是一回事，自然主宰万物的权利也就是神主宰万物的权利。神的权利和它的力量是同在的，神的权利的大小取决于神的力量，神的力量是绝对无限的，因此它对万物的权利也是绝对无限的。就此而言，神不受任何东西的限制，它是绝对自由的。自然作为一个整体，它的普遍力量是一切个别自然物的力量的总和，每个自然物的力量都来自自然的永恒力量。在自然权利的范围内，每个自然物都有力量做它所能做的事，它有多少权利就有多少实现权利的力量，它的权利和它的力量是同在的。人作为自然物，要按照自然的决定行事，"努力"保持自己的存在和活动力量，这是自然的最高权利。自然将这个权利一视同仁地赋予每一个人，没有任何差别。不论是有理智的人还是无理智的人，不论是愚人、疯子还是正常人，都同样具有保持自己存在和活动力量的权利。在这里，斯宾诺莎从人的原始权利上肯定了人人平等的自由主义原则，表达了近代资产阶级的政治要求。

根据自然权利的规定，人的本性就在于"努力"保持自己的存在和活动力量，在此人完全是自私的，他所做的一切都是为了获得自己的个人利益，都是为了满足自己的需要。当所有人都按照自己本性的必然性而存在和活动，不受任何约束时，人类社会就处于"自然状态"。这时，人为了达到自己的生存和活动目的而不择手段。因为对于每个人来说，实现自己的自然权利是最高目的，自然并没有规定，人为实现这个目的能够采取哪些办法，不能采取哪些方法。所以，只要有利于达到这个目的，人可以只顾自己不顾别人，采用战争、欺骗、诡计、乞求等各种方法，并且无所不用其极。在自然状态下，所谓人人应当遵守的普遍的善恶观念、正义和非义观念、诚信和欺诈观念都是不存在的，"每人各自辨别什么对自己是善的或者是恶的，每人各自按照自己的意思寻求自己的利益，为自己的仇恨进行报复，并且各自努力以保持自己之所爱而消灭自己之所恨。"斯宾诺莎对"自然状态"的描述，虽然不像霍布斯所说的"人对人像狼""一切人反对一切人的战争"那样生动形象，但他们的基本看法是一致的。

为什么在"自然状态"下会出现人人争斗的情况呢？这同样需要从人性本身来理解。首先，人是自私的，人的一切活动都是为了自己的利益，在人的利益发生冲突时，人和人之间的争斗不可避免。其次，虽然人是理性的动物，但也有非理性的一面。人的行为不是都由理性决定的，大多数情况下是由欲望决定的，在自然状态下尤其如此。因为人天生是无知的，在自然状态下，人尚未学得如何按照理性来行事，也不知道什么样的行为是符合道德的，这时，支配人行为的是欲望而不是理性。人的欲望是狭隘的、盲目的、冲动的，当人在欲望的驱使下追求自己的利益时，既不会顾及他人的利益，也不会考虑长远的利益，由此引出的行为往往看上去是不合理的、不道德的，甚至是罪恶的。除了欲望以外，人也受其他情感的支配。虽然人的情感有多种，但在对他人的情感中，更多的是仇恨而不是同情。人人都想用自己的想法左右他人的生活，希望自己所赞成的也为他人所赞成，自己所反对的也为他人所反对。人人都想出人头地，互不相让，由此引起无休无止的争吵。尽管理性在一定程度上可以控制情感，对极端情感起舒缓作用，但如果指望人们能完全自觉地按照理性的指示行事，那是不切合实际的，就如同"做着诗人关于黄金时代的美梦，或沉迷在神话故事的梦境中"。总之，由于人天生容易受不良情感的影响，因此可以说"人在本性上互为敌人。"

不过，就人的一切行为都以自然权利为根据而言，我们不能说理性引导的行为与欲望等情感引导的行为有何不同，因为它们都是符合自然权利的。而且，如前面已经说过，从整个自然的永恒秩序看，世界上的事物并无善恶、好坏之分，它们都是自然整体的一部分，都以自然的秩序和法则为依据，所谓的善恶、好坏，只不过是人根据自己的理智作出的判断，是由于人对自然的秩序缺乏全面的了解造成的。因此，我们不应当为自然状态中出现的所谓恶行或坏事而困惑、讥笑或指责，而应当在顺应自然的前提下寻找实现人类普遍幸福的途径。

根据以上所说，要在自然状态下实现人的自然权利是不可能的。因为很明显，在自然状态下，人实现自然权利的要求和自然状态的条件存在着矛盾：一方面，自然权利是人的最高权利，是人类本性的体现，它既是人的一切活动的出发点，也是人所要达到的根本目的；另一方面，自然状态没有提供人类实现自然权利的条件，人根据自然权利不惜采取一切手段获取自己的利益，结果造成了人和人之间的冲突和争斗，致使每个人都无法达到保持自己存在和力量的目的。如果不克服这个矛盾，人的自然权利就无法实现。那么，如何来克服这个矛盾呢？斯宾诺莎认为，人的本性和自然权利是不能违背的，在此只能改变人类的生存状态，按他所说，就是从自然状态变为公民状态。这个变化是根据理性的指导来完成的。

二、社会契约与公民状态

自然状态下人人争斗的状况使人们意识到，要实现人的自然权利，不能依靠欲望的引导，必须根据理性的指示，因为理性的目的就是为人类求得真正的福利。理性指示我们，在自然状态下，尽管每个人都有自然权利，但仅凭一己之力，一个人无法对抗来自其他一切人的威胁，无法保证自己的权利不受侵犯，他只能生活在无处不在的恐惧之中。造成恐惧的原因越多，他的权利和力量就越少。因此，只要一个人的自然权利只为他自己的力量所决定，只为他独自所拥有，那么，"这个权利就是不重要的，它只是概念上的，不是事实上的，因为不能确保它被实现"。理性还指示我们，人在生活中需要互相帮助，没有互助的生活必定是悲惨的，也无法培养人的道德情操。为了避免上述恶果，使人们过上安全、幸福的生活，理性指出的唯一办法就是经过人们的普遍同意，即通过订立所谓"社会契约"的方式，将人们各自的权利转交给特定的一个人或一群人，由他们代替行使这些权利。因而这些权利不再是原来的个人权利，而是一个共同的权利，被称作主权或统治权（sovereignty）。拥有和行使这个权利的人就成为统治者。统治者有权规定人们共同的生活方式，制定、解释或取消法律，维持秩序，处理战争与和平事宜等。于是，国家就出现了，"这样建立起来的具有法律和自保力量的社会被称作国家，在这个国家保护下的人被称作公民"。统治者掌管国家事务，国家的权利就是统治者的权利，公民根据公民权利享受国家带来的利益。国家的出现表明人类社会由"自然状态"进入了"公民状态"（civil state）。

契约的订立是国家得以成立的关键环节。人们愿意订立契约，交出自己的自然权利，是经过理性思考的。这里有两个理性的原则至关重要。一个原则是"己所不欲，勿施于人"，也就是说，人们必须遏制自己的欲望，以其不能伤害他人为限。另一个原则是"两利相衡取其大，两害相衡取其轻"。斯宾诺莎认为这个原则是深植在人性中的，是众所周知的永恒真理。根据这个原则，当人们面对不同的利益和损害时，总要对它们进行权衡，然后选择牺牲小的利益，谋取大的利益，承受小的损害，避免大的损害。人们愿意将权利转交给统治者，就是考虑到，尽管这样会使每个人失去自己的部分权利，但却可以在国家的保护下实现他们的共同权利，从而避免了在自然状态下无法实现自然权利的情况，使人们最终得到利益。当然，人们对利害的权衡都是根据自己的判断作出的，事实上并不一定有这样的利害关系。因为在斯宾诺莎看来，自然有其自身的秩序和规则，并不根据人的判断而成为有利的或有害的，就如人可以判断一件事的善恶，而自然本身并无善恶一样。

由同样原理可以引出自然状态和公民状态的三个重大区别：其一，在自然状态下没有所谓善恶的道德观念，只有在公民状态下才有这样的观念。因为在自然状态下每一个人都依照自己的意愿行事，一切行为以是否符合自己的利益为准绳，即使人们发生冲突和对立，也都是顺从自然本性而为，无所谓善恶。而在公民状态下则不同，契约的订立使人们有了共同的行为标准，符合契约的行为是善的，为人们所赞同，违反契约的行为是恶的，为人们所反对。于是道德的观念就产生了，按照道德原则行事成为约束公民行为的准则。其二，在自然状态下除了自然法则以外，没有人定法或民法，人人各行其是，只服从自己，不服从别人，因此人们没有任何"罪"的概念。而在公民状态下，统治者或国家根据契约制定了共同的法律，人人必须遵守，否则就是犯罪，于是人们才有了"罪"的概念。遵守法律是公民的价值所在，公民只有服从法律，才有资格享受国家的权益。反之，公民违反了法律，就是"犯罪"，就要受到惩罚。其三，在自然状态下，一切物品属于一切人，没有所有权或财产权之分，谁都不能说某件物品是属于自己的。而在公民状态下，根据一致的意见或共同法，确定了物品的所有权,于是人们才有了"正义"和"非义"的概念,因为所谓"正义"就是指根据法律人人各得其所应得,"非义"就是指将属于他人的物品占为己有。总之,当人类社会从自然状态过渡的公民状态,原来本不存在的各种思想意识形态观念也相应出现了,它是人类社会进入高级阶段的标志。

人们订立契约是否就一定会遵照执行呢?这涉及契约的有效性和权威性问题。斯宾诺莎认为,契约的有效性和权威性不在于订约者的诚信,而在于契约的实用性。如果将履行契约建立在人们的自觉守信上,那是十分愚蠢的,因为人们愿意遵守契约,完全是因为这样会给他们带来利益,或避免受到伤害,否则任何契约都是靠不住的。斯宾诺莎举了两个例子:譬如,当一个强盗强迫我交出财物,为了避免受到伤害,我可以假意答应他的要求(这也是契约),而一旦我脱身出来,就可以拒绝交出财物。又如,我真诚地向一位友人承诺二十天不吃饭,可是后来发现若真这样做会对身体有很大损害,于是我就可以放弃这项诺言。而且更重要的是,为了自己的利益违背诺言完全符合人的自然权利,在这里起作用的仍然是人对利害的权衡。

当人们将自己的权利交给统治者,每个人的权利就减少了,由统治者或国家掌握的公共权利就增加了。由于权利和力量是同在的,有多少权利就有多少力量,对个人是如此,对共同的权利也是如此。人们减少了多少权利,国家就增加了多少权利。于是,统治者就有远大于个人的力量来管理国家事务。这种情况对统治者和公民双方的行为方式都有重大影响。对于公民来说,他们既然已经将权利交给了统治者,统治者具有远比他们强大的力量,于是,不论他们愿意与否,他们都无力反抗统治者的意志,都必须遵守统治者或国家颁布的法令;即使统治者的命令是不合理的，他们也必须执行，否则就会成为人民的公敌。对于统治者来说，由于他们拥有强大的力量，所以他们可以用严厉的惩罚或死亡威胁来迫使人们服从国家的法令，用武力来镇压任何反抗他们意志的行为。

另一方面，虽然统治者有任意行事之权，但他们的行为也不能违背理性，因为他们的权利是根据理性从人们那里得到的，如果他们的行为违背了理性，损害了公众的利益，他们的统治就失去了基础，就会陷入瓦解。人们对国家的服从，既出于对国家的畏惧，也出于对国家的尊敬。如果没有这种畏惧和尊敬，国家也不能存在。因此，统治者不但应当用强力使公众畏惧，还必须以自身的良好品行赢得世人的尊敬。"如果国家统治者在街上酩酊大醉或与妓女裸行，公然破坏或蔑视他自己制定的法律，那么，他就不能保持国家的尊严，就好像不能让一物既存在又不存在一样。而且，如果统治者屠杀、劫掠臣民，强奸少女，人们的恐惧就会变为愤怒，就会使有秩序的社会陷入战争状态。"

以上所述表明了斯宾诺莎的这样一个思想：即人们应当服从统治者的法令，是以统治者按照理性行事为条件的。当统治者不能按照理性行事时，国家权利的基础就不复存在，被统治者就有权进行反抗。从自然权利的角度看，人们将自己的自然权利交给了统治者，统治者的权利无非就是自然权利本身，所以，当统治者按照自然权利行事时，与每个人的自然权利的要求是一致的。在这种情况下，每个人的自然权利并没有因为服从统治者的法令而终止，如同在自然状态下一样，人们仍然出于自己的本性而追求利益，在恐惧和希望的引导下做某事或不做某事。与自然状态下人们各行其是不同的是，在公民状态下，人们恐惧和希望的对象是同样的，人们的生活方式和安全的基础也是同样的。而且，公民状态没有剥夺个人的判断力，人们服从统治者的法令，不论是出于恐惧还是希望，都是为了使自己得到安全和利益。他们能够辨别什么样的法令是有利于自己的，什么样的法令是不利于自己的，他们会根据理性的要求来权衡利害。在这个意义上，公民状态下的人并没有将自己的全部权利交给统治者，而是有所保留。在这里，斯宾诺莎与霍布斯发生了重要分歧：霍布斯赞成君主专制，他主张人们通过订立契约将自己的全部权利交给统治者，绝对服从统治者的命令；而斯宾诺莎则有比较强烈的民主倾向，他认为，人们只是将一部分权利交给统治者，自己仍保留一部分权利。至于他这一观点所表明的理论诉求，我们可以从他给友人雅里希·耶勒斯的一封信中找到答案。他在那封信中说："关于您问的，我的政治学说和霍布斯的政治学说有何差别，我可以回答如下，我永远要让自然权利不受侵犯，因而国家的最高权力只有与它超出臣民的力量相适应的权利，此外对臣民没有更多的权利。"对此，我们可以这样来理解，那就是，斯宾诺莎实际上主张不论在自然状态下还是在公民状态下，人的本性不会改变，因而人的自然权利也不能被抹杀；统治者根据契约代替公民行使的权利，在本质上是与自然权利一致的，唯一不同的是，相对于单独的个人来说，统治者有更大的权力或力量，因此能够承担管理国家的责任。

斯宾诺莎这里所说，似乎与他关于契约论的设想不完全相符，因为按照契约论的理想情况，人们既然订立了转交权利的契约，就应当将权利全部交给统治者，由统治者全权行使，自己毫无保留，这样才能最大限度发挥统治权的实效性。斯宾诺莎承认，他所说的是契约论的理想情况，而不是现实中的实际情况。他解释说，他的学说"虽然与实际的实践十分接近，并且实际上越来越有可能实现，但在许多方面它仍然只停留在理论上"。因为在实践上，任何人都不会将他的全部权力和力量交给另一个人，以致使自己失去人的本性，不成其为一个人。公民应当服从统治者的命令，但如果统治者命令一个人去恨自己的恩人，去爱自己的仇人，做种种违背自己情感本性的事，那是徒然的。即使一个人将自己的全部权利和力量交给统治者，也不会使统治者对自己放弃戒心；对统治者来说，来自公民的威胁绝不比来自外敌的威胁小。假如人们真的将自己的全部权利和力量毫无保留地交给了统治者，以致没有后者的允许他们就没有力量做任何事情，那么，如果统治者是暴君，人们就会束手无策。因此，斯宾诺莎强调："我们必须承认，每个人保留他的权利的一部分，由其自己决定，不由别人决定。"斯宾诺莎的上述观点与其说是从理论上推导出来的，不如说是从对人类政治生活经验的观察中总结出来的，理论与实践上的差距，表明了契约论作为一种"思想实验"的局限性。此外，斯宾诺莎没有明确说明人们在订立契约的时候，哪些权利是应当交出的，哪些是不应当交出的，这也是他的一个不足。因为如果他能够对自然权利作更细致的划分，并分别指明它们的理论意义和实践后果，那么，他本来可以将他的思想更推进一步。后来的英国哲学家洛克也看到了与斯宾诺莎所见的相似问题，不过他解决问题的方式似乎更为合理。与斯宾诺莎不同，洛克认为契约中已经将自然权利中应当交出的部分和应当保留的部分区分开来了，人们在订立契约的时候没有放弃反抗暴政和重建国家机构的权利，因此在统治者不能履行契约的情况下，人们有权推翻其统治，由人民掌管最高权利。

服从统治者的命令是否会使人变为奴隶呢？针对这个疑问，斯宾诺莎对奴隶服从主人的命令和公民服从统治者的命令作了区分。他认为，一个人服从别人的命令而行动，看起来，这个人失去了自由，但是否他因此成为奴隶不是根据他是否失去自由而定，而是根据他的行动的目的而定。如果他的行动不是为了行动者本人的利益，那么这个人就是奴隶；如果他的行动是为了行动者本人的利益，那么这个人就不是奴隶。在公民状态下，国家的最高原则是公民的利益，因此公民服从统治者的命令而行动不会使自己成为奴隶。斯宾诺莎以奴隶、儿子、公民服从命令的不同目的来说明他所作的区分。他说，奴隶遵照主人的命令行事，是为了主人的利益；儿子遵照父亲的命令行事，是为了儿子自己的利益；公民遵照统治者的命令行事，是为了包括行事者在内的公民共同的利益。由于他们遵命行事的目的不同，他们所处的社会地位也就不同。

如果从人是否自由的角度看，人根据理性的要求订立契约，并不是失去自由，而是实现了自由。斯宾诺莎认为，人根据自然权利保持自己的存在和力量，在这一点上，人与其他自然物并无区别。如果说有区别，人们总乐于指出，人是有自由意志的，而其他自然物没有。然而，什么是自由呢？根据斯宾诺莎关于自由与必然的学说，人是自然的一部分，服从自然的法则，就此而言人只有必然，没有自由；人所谓的自由只是就人的理性能力说的，人可以在自然必然性的前提下，具有"理性的自由"或"理智的自由"。当人为了保持自己的存在和力量，即为了实现自己的自然权利而订立契约的时候，他是根据理性的指示行事，因此他是自由的。如果一个人放弃自己的存在，拒绝使用理性，即使他能做到这一点，也不能说他是自由的，只能说他是不自由的，因为他违反了自然的法则，背离了理性。自由是一种德性或完善性，它充分体现在人对理性的运用上。人通过订立契约实现自己的自然权利，并因而获得自

143

由，就是人在社会生活中运用理性的一个范例。

三、政体形式与自由理念

自然状态下的人为了实现自己的自然权利而订立契约，从而使国家得以产生和形成。这一过程表明，人们对于交出自己的部分权利，由国家来保证人们的幸福和安全有普遍的共识。但是另一方面，人的本性是自私的，统治者也不例外，因此，如果人们将国家履行契约、为民谋利的希望完全寄托在统治者的诚信和责任心上，那是靠不住的。用斯宾诺莎的话说，那样的国家是"不稳定的"。他认为，要使国家"长治久安"，关键是必须有一定的制度来保证，也就是说，国家政体的结构形式应当能够防止统治者和官员背弃人们的信任滥用权力，使他们能够公正地出处理国家事务。只要国家事务处理得当，使公民得到利益，至于统治者和官员出于何种动机则是无关紧要的。

同当时的大多数思想家一样，斯宾诺莎区分了国家的三种主要政体形式，即君主政体、贵族政体、民主政体。如果掌管国家权力的统治者是君主一个人，这样的国家属于君主政体；如果掌管国家权力的统治者是一群被称作贵族的人组成的会议，这样的国家属于贵族政体；如果掌管国家权力的统治者是全体人民或公民，这样的国家属于民主政体。斯宾诺莎认为，尽管三种政体的组织形式不同，但它们产生的过程是一样的，即都是通过社会契约转交权利的方式产生的。

那么，三种政体中哪一种更好呢？斯宾诺莎确定了一个标准，那就是看哪一种政体更有利于保证公民的自由。在他看来，最能保证公民自由的政体也最有利于公民实现自己的自然权利。根据这个标准，斯宾诺莎将民主政体看作是最好的政体。他说："民主政体似乎是最自然的国家形式，最接近于自然允许给每个人的自由。因为在民主国家中，任何人都不用将自己的自然权利完全转交给另一个人，然后自己则不再有人过问。他将自然权利转交给自己作为其中一分子的整个国家的大多数人。这样所有人都是平等的，如同以前在自然状态下一样。"

要注意的是，斯宾诺莎没有像有些思想家那样在主张某种政体的同时，将其他政体贬低得一无是处，而是试图通过对三种政体的分析比较，指出各自的利弊，然后从改进政体制度的角度来说明如何使其达到尽可能完善的程度。于是，看上去，斯宾诺莎的论述好像是在向统治者提出执政建议，而不是抨击当权者，阐发自己的政治理想。斯宾诺莎的这个做法与当时荷兰的政治环境有关。如前面说到，自从 1581 年成立联省共和国，荷兰政坛就存在着维护省权和议会权力的共和派与以奥兰治家族为首的王权派的斗争，其在政体上的表现就是民主制和君主制的对立。维特是共和派的首领，他的死表明共和派的失利，王权派当政已经是大势所趋。在这种情况下，斯宾诺莎既对共和派的失利感到忧虑，又不能不接受王权当政的现实。因而，他在理论上面临的主要任务就不是直接号召反对或推翻君主制，而是要说明如何限制君主制的弊端，通过改良使之尽可能有利于民众。在斯宾诺莎深感当时政治形势严峻而写的《政府论》中，说明了他的这个意图："本书要证明，对于一个君主政体或贵族政体的社会，应当如何来进行组织，才能使它不堕入暴政，才能使其公民的和平与自由不被破坏。"

由于上述缘故，斯宾诺莎关于君主政体的论述表面上看是一种客观分析，实际上却处处显露出批判的锋芒。譬如，他承认，根据历史和现实的经验，由一个人执掌全部权力的君主国是最有利于国家安宁的，因为它可以在很长时间内保持不变，而民主国家往往是短命的，很容易被叛乱所推翻。然而他紧接着话锋一转指出，君主统治下的所谓"安宁"无非是一种奴役、野蛮、悲惨的状态罢了，如果这样的状态可以称作"安宁"，那么，"就没有什么比'安宁'更邪恶的了"。他用父子之间的争吵比作民主制国家中人民之间的矛盾，用主奴之间的争吵比作君主制国家中君主和人民的矛盾。他认为，父子之间的争吵往往比主奴之间的争吵更激烈、更常见，但前者是为了家庭的和睦，后者则是对奴隶的奴役。如果让父亲像对待奴隶一样对待自己的儿子，那么，这个家庭就不会有好的结果。他断言："将所有权力交给一个人，加剧了奴隶状态，而不是促进了安宁。"

斯宾诺莎认为，一个人的能力是有限的，君主往往难以单独承担治理国家的重任，于是他不得不将许多重要国务委托给身边的官吏或亲信，而这样一来，往往会造成如下情况：表面上君主在发号施令，实际上权力在佞臣、小人手中，君主的权利越来越小。斯宾诺莎认为这是最坏的一种君主制。而且对于君主制国家来说，它所面临的危险不但来自外部的敌人，还来自内部的臣民，而且后者的危险比前者更大。因此，君主主要提防的是自己的臣民，而不是外敌。他更多考虑的是如何保护自己的安全，而不是臣民的利益。

斯宾诺莎由此得出结论，如果将国家权利交给君主越彻底，君主对权利的实际控制就越少，他的臣民的状况就越悲惨。因此这种绝对君主制是不可取的。为了将君主制建立在坚实的基础上，使君主得到安全，臣民得到安宁，确保君主在完全掌握自己权利的同时最大限度地关心人民的福利，斯宾诺莎提出了改进君主制的一系列建议，其中许多是针对当时荷兰的实际情况提出来的，但也不乏有启发意义的执政理念。譬如，他承认，君主制国家的稳定取决于君主的每一项法令都得到严格的执行，而且每一项法令都必须明确表达君主的意志，但同时他又指出，君主是人不是神，君主的命令也有违背理性和臣民利益的时候，在这种情况下，官员们就不应该执行君主的命令，而应当"择其善者而从之，其不善者而改之"。他用古代荷马史诗《奥德赛》中希腊英雄奥德修斯遇到海妖的故事来说明这个道理。奥德修斯乘船经过海妖居住的海岛，他怕自己经受不住海妖歌声的诱惑，命令水手将自己捆绑在船的桅杆上。当奥德修斯在海妖歌声的引诱下想追随海妖而去，命令水手将绳索解开，水手们拒绝了，而是按照他原来的命令，将他捆得更紧，最后他们安然离开了海岛。斯宾诺莎认为，臣民对待君主的命令就应当像水手那样，服从奥德修斯第一个命令，拒绝他的第二个命令，而且这样做是完全正当的，因为它符合君主的真正意志和臣民的利益。斯宾诺莎的这一观点对于限制君主滥用权力显然有积极意义。

鉴于君主往往设立由顾问官组成的政务会协助处理国家事务，为了使政务会能代表全体臣民的利益，斯宾诺莎认为顾问官应当符合如下条件：他们个人的利益必须取决于全体臣民的普遍利益；他们应当来自臣民的各个阶层和团体，也包括没有教养的人，从而使他们能够代表大多数人的利益；他们必须十分熟悉各自行业的情况，因而能提出恰当的建议。另一方面，君主则应当充分重视政务会提出的各种意见，择优而从，而不是与政务会完全对立。在各种意见有冲突时，君主应当认可大多数人赞成的意见，也即采纳对国家大多数人有利的意见。君主也可以对不同意见进行调和，以使它们能得到大多数人同意。为了保持政务会的公正和廉洁，斯宾诺莎还强调顾问官不能终身制。他认为，顾问官终身制剥夺了其他人担任这个职务的机会，因而是不公平的。而且终身制是造成腐败的温床，因为它会使顾问官无后顾之忧，滥用职权，也使他们只知向君主献媚取宠，而不顾民怨沸腾。斯宾诺莎建议，顾问官的任期最多不能超过五年，为了更妥当起见，还可以每年更换部分顾问官，若干年全部更换一遍。

斯宾诺莎承认，他所设想的君主制只是一个理想的情况，如果用"自由"的标准衡量，这种君主制可以给人们提供相当稳定的自由，可是与贵族制相比，它又相形见绌了。根据斯宾诺莎的定义，贵族制国家的权力不在一个人手中，而是由众多人组成的会议掌管，这些人是"自人民中选出的"，被称作贵族。由于国家权力为众多贵族所分享，有多少贵族，国家权力就被分为多少个派别，派别越多，各派的权力就越小；派别越少，各派的权力就越大。假定只有两个贵族，每个贵族就掌握了国家一半的权力，这样就接近于君主制了。显然，贵族数量太少对于国家是不利的，所以，要使国家稳定，必须根据国家的大小规定贵族不得少于的最小数量。斯宾诺莎认为，贵族与平民的人数比例应不低于1：50。

贵族制与君主制在统治权上的区别有如下方面：君主一人难以承担全部统治重担，因此需要顾问官，而贵族会议则无此需要；由于君主的生老病死等原因，国家的统治是不稳定的，而贵族会议能保持统治的连贯性；一个人的意志往往是易变的、不确定的，甚至前后矛盾，所以君主的意志不一定都能成为法律，而贵族会议则具有意志的确定性，它所宣布的意志一定都是法律。斯宾诺莎认为，从理论上看，如果贵族会议的规模足够大的话，国家统治权就是绝对的，或接近于绝对的，也就是说，它是由人民掌管的。但从实践上看，这种统治权难以达到绝对的程度，因为它完全以贵族会议的意志为根据，将人民排除于参政、议政和决策之外，人民成了统治者恐惧的对象。在这种情况下，除了国家所允许的自由外，人民没有任何自由。

为了避免国家权力落入少数人手中，使贵族制国家沦为君主制，最终使人民的利益受损，斯宾诺莎设想了一些办法。譬如，他认为，为了使国家权力能代表更多人的利益，重要的一点就是必须用法律来保证贵族人数不低于一定的数量，而且要保证贵族的人数与国家规模的扩大同步增长。他还强调，要保证每个贵族会议成员在决策中是自由平等的，必须采取匿名投票的方式，他认为这对于贵族会议具有"第一位的重要性"。值得注意的是，他还提出了对权力进行监督的思想。他认为，贵族制国家的权力属于贵族会议全体，而不是其中个别人，贵族必须在法律的约束下用一个思想来治理国家。但法律本身是脆弱的，很容易受到破坏。尤其当法律的保护者身居高位，能够僭越法律，这时要指望他们杀一儆百，通过惩罚别的违法者来遏制自己的欲望，那是十分荒唐的。而且，如果某个贵族同时拥有某项重大权力，也会造成他与其他贵族的不平等。为了避免少数人凌驾于法律之上，破坏贵族之间的平等和贵族会议的秩序，斯宾诺莎认为最好的办法就是成立一个专门机构对官员进行监督。这个机构的成员也由贵族组成，他们的唯一职责就是确保关于国家领导机构和政府阁员的法律不被破坏，他们还可以对僭越法律的阁员进行审判。监督机构成员的数量与贵族总人数的比也不低于1：50。为了使监督机构有威慑力和执行力，它还配备有一定的武装力量，服从监督机构的指挥。

如前面所说，不论是君主制国家还是贵族制国家，它们都不能给人民以最大的自由。尽管根据斯宾诺莎的设想可以给它们以一定的改进，但不能改变它们的本质，即它们维护的仍然是少数人的权利和自由。而在民主制国家则不同，在那里人民享有一切自由、平等和权利。斯宾诺莎以民主制国家与贵族制国家作对比，他认为，在贵族制国家，任何人要成为贵族完全取决于最高会议的意志和选择；而在民主制国家，人人都为公民父母所生，都是在本国土生土长，都在为自己的国家效力，都有资格获得法律规定的公民权，都可以合法地要求在最高会议上参加决策投票，或承担国家公职。如果说在贵族制下，具有统治权的贵族是根据一定条件遴选出来的，那么，在民主制下，人民的统治权则是天赋的。不论何种国家制度，都应当给人民以最大自由，但毫无疑问，在这方面，贵族制优于君主制，民主制优于贵族制。在斯宾诺莎看来，民主制是最理想的国家制度，因为它最符合于人性。

出于维护自由的同样目的，在政教关系上，斯宾诺莎明确反对教会干预国家事务。他认为，宗教只应当鼓励公正与仁爱的行为，而不能用来评判人们之间的不同意见和压制思想自由，因为那样不论对国家还是对宗教都有严重的危害。反之，国家统治者有权过问和管理宗教事务，因为宗教的法律力量是根据国家统治者的命令得来的。根据同样道理，国家统治者是神权的合法保护者和解释者，宗教仪式和礼仪也应当由国家统治者来决定，必须有助于社会的幸福与安宁。而且，这样一种政教关系并不违反宗教的真义，因为神统治人间不是直接的，而是通过世俗统治者间接实施的，因此若不服从世俗统治者的命令，也就谈不上虔诚地服从于神。

在《神学政治论》的结尾部分，斯宾诺莎列出了他所证明的六个结论：（1）剥夺人畅所欲言的自由是不可能的；（2）可以允许每个人都有这种自由，而不会有损于统治者的权利和权威；（3）每个人都可以拥有这种自由，而不会危害公众的安宁，而且对于这种自由可能引起的任何麻烦也很容易得到制止；（4）每个人都可以拥有这种自由而无害于他的虔诚；（5）对思想上的事情制定法律是没有用处的；（6）允许这种自由不但无损于公众的安宁、虔诚和统治者的权利，而且是维持这三项所必需的。

这六个结论集中表明了斯宾诺莎在社会政治学说中追求的一个核心理念，即思想自由。这种自由也就是"理性的自由""理智的自由"，是人在自然法则的约束下唯一能拥有的自由。而作为一位思想家，可以说，斯宾诺莎一生都在为他的自由理想而奋斗。

附 录

年 谱

1632 年　11 月 24 日，贝内迪克特·德·斯宾诺莎（Benedict de Spinoza）出生于阿姆斯特丹。当时取葡萄牙名字本托（Bento），他的希伯来名字是巴鲁赫（Baruch）。父亲是迈克尔·德·斯宾诺莎（Michael de Spinoza），母亲汉娜·德博拉·塞尼奥尔（Hanna Deborah Senior）是迈克尔的第二任妻子。斯宾诺莎还有一个姐姐、一个兄长、一个妹妹、一个弟弟。

1638 年　母亲因病去世。斯宾诺莎入犹太学校学习，主要内容是希伯来语、宗教、文学方面的基本知识。

1641 年　为照顾家庭和年幼的子女，父亲娶第三任妻子埃丝特（Esther）。

1646 年　完成四级学业。曾跟随一位"德国学生"学习拉丁文。帮助父亲做一些商务工作。

1649 年　兄死，接替其在父亲商行的工作。由于经商的需要，结识了许多具有宗教革新意识的商人。

1654 年　父亲死。将更多精力用于学习，利用经商的空余时间去犹太教法学院深造，钻研犹太教经典和犹太哲学家的理论。

1656 年　7 月 27 日，因非宗教思想被阿姆斯特丹的犹太教会革除教籍，市政当局也对他发出驱逐令。为谋生，离开该市前学会磨制镜片，然后避居于该市附近的奥德尔科克村（Ouderkerk）。为表示与犹太教会的决裂，将原来的希伯来名字巴鲁赫改为意思相同的拉丁文名字贝内迪克特。

约 1657 年　隐居阿姆斯特丹。进入范登·恩登（Franciscus van den Enden）的学校学习拉丁文、艺术、哲学、科学、古代文化等课程。

1658 年　开始写《知性改进论》（未完成）。

1659 年末或 1660 年初　开始写《神、人及其幸福简论》。

1661 年　夏，迁至莱顿近郊的莱因斯堡村（Rijnsburg）。结识最重要的朋友亨利·奥尔登伯格（Henry Oldenburg）。

1662 年　完成《神、人及其幸福简论》，原文是拉丁文，因顾忌教会迫害，生前未发表，后佚失。现在所见的是十九世纪五六十年代发现的荷兰文手抄本。完成《伦理学》的第一部分。应友人之请将授课内容整理撰写成《笛卡儿哲学原理》一书。

1663 年　迁居至海牙附近的伏尔堡村（Voorburg）。《笛卡儿哲学原理》在阿姆斯特丹出版，附以《形而上学思维》一文，这是斯宾诺莎生前唯一用真名发表的著作。与著名天文学家惠更斯（Christiaan Huygens）和后来的阿姆斯特丹市长约翰·胡德（Johannes Hudde）交往，并通过后者结识了荷兰共和派领袖约翰·德·维特（Johan de Witt），成为挚友。

1664 年　《笛卡儿哲学原理》荷兰文译本出版，译者是彼得·巴林（Pieter Balling）。

1665 年　6 月，完成《伦理学》的第二、三部分的初稿，暂放置，转写《神学政治论》。

1670 年　约年初，迁居海牙。《神学政治论》在阿姆斯特丹用拉丁文匿名发表。应友人要求开始写《希伯来语法》，原计划写两部分，只完成第一部分。

1671 年　定居海牙。阻止《神学政治论》荷兰语版的出版。

1672 年　法国入侵荷兰。8 月 20 日，维特兄弟为受煽动的群众所杀，斯宾诺莎愤而抗议。

1673 年　谢绝日耳曼帕拉提纳特选帝侯卡尔·路德维希（Karl Ludwig）要他担任海德堡大学哲学教授的邀请。5 月，赴位于乌得勒支的法国军营，访问法军统帅孔代亲王。返回后被指责犯有叛国罪。

1674 年　7 月，《神学政治论》被荷兰当局列为禁书。

1675 年　完成《伦理学》，因受到指责，决定推迟出版。

1676 年　年中，开始写《政治论》，生前未完成。年底与德国哲学家莱布

尼茨 (Leibniz) 会面，多次长谈。

1677 年 2月 21 日下午，因肺病在寓所平静地去世。四天后，被安葬在
　　附近的斯波耶新教堂，许多名人赶来为他送葬。

1677 年 11 月，友人收集斯宾诺莎未出版的部分著作，以《遗著》为名
　　在阿姆斯特丹出版。

主要著作

1. 《知性改进论》（未完成），收于《遗著》，阿姆斯特丹，1677 年。

2. 《神、人及其幸福简论》，阿姆斯特丹，1662 年。

3. 《笛卡儿哲学原理》（附《形而上学思维》），阿姆斯特丹，1663 年。

4. 《神学政治论》，阿姆斯特丹，1670 年。

5. 《伦理学》，收于《遗著》，阿姆斯特丹，1677 年。

6. 《政治论》（未完成），收于《遗著》，阿姆斯特丹，1677 年。

7. 《希伯来语法》（未完成），收于《遗著》，阿姆斯特丹，1677 年。

8. 《书信集》，收于《遗著》，阿姆斯特丹，1677 年。

参考书目

Michael L. Morgan edied. Samuel Shirly translated, *Spinoza Complete Works*. Hackett Publishing Company. Inc. 2002.